SKY-HI
日本の音楽は
世界への壁を
越えられるのか

マネジメントのはなし。2

日経BP

はじめに

　大層なサブタイトルに引かれてくださった方には拍子抜けかもしれませんが、実際のところ世界と日本の音楽業界に「壁」なんてものは、現在は存在しないのですよね。その前提だけお伝えできればこの前書きは役目を果たしているのですが、もう少し詳しく話しましょう。まずはそのために自己紹介をさせてください。

　初めましての方は初めまして、そうでない方はいつもありがとうございます、株式会社 BMSG 代表取締役 CEO の日高と申します。また SKY-HI と言う名前で 10 代の頃からラッパーとしてキャリアを積んだり、2021 年からは BE:FIRST をはじめとしたボーイズグループのプロデューサーなどもしています。3 つの肩書きを同時進行する毎日は、刺激的と言うか不安と幸福が縄の如くの日々です。奇特な人生ですね。

　他に日高光啓と言う名前で AAA というグループを 20 年ほどやっていたり（現在活動休止中）、もっと遡れば中学生の頃から芸能活動をしていましたが、この期間、

- 国内最大手事務所のアイドルの練習生
- バンドマン
- 別の大手事務所の練習生
- AAA
- アンダーグラウンドのラッパー
- インディーズレーベルのヘッド
- BMSG 起業
- プロデューサー業

と音楽業界と芸能界を渡り歩き、特にラッパーや作曲家としてはインディーメジャー問わずに国内のほとんどの音楽関係の会社さんとはお仕事をしてきたと思いますし、海外のアーティストと作品を作ったりワールドツアーを回ったりと、書けば書くほどまぁ懲りずに色んな事をやってきたな…。

　本来アーティストは 1 つのことのために黙々とスタイルを磨き続けるほうがカッコ良いのですが、この多動症が幸か不幸か音楽業界の解像度を上げました。

　そして一番驚くのは、これだけ色々なことをしてきた期間…自分が起業する

までの約20年の間、日本の音楽ビジネスの根本的構造や芸能界の体質は、変わらずに来ていたことです。

　日本と世界の音楽シーンにあるのは、壁なんかではありません。ただの「時差」です。そしてインターネットという発明は世界の時差を（良くも悪くも）なくす発明ですから、日本の音楽が世界中で聴かれるルートというのはもう存在してるんですよね。というか聴いている人なんて実際にもういっぱいいるし。

　なぜこの道を皆で渡れないのか、なんでBMSGは渡れると思って意気揚々と準備をしているのか、本著でその辺りが伝われば…そしてあなたの中の常識を変える事ができれば、さらにそれがつながって広がっていけば、たどり着く先はおのずとこの世界中です。さて、パスポートの用意をしていてください！

目次

はじめに   2

PART 1
SKY-HI Special Talk

急成長を続ける5年目のBMSG
「社会を善くする」ためのマネジメント   8

PART 2
2023年のBMSG

BE:FIRSTに続くグループMAZZELに込めた「迷路」と「情熱」   36

ビジネス系メディアの取材を通じて感じた自信と確信   42

BE:FIRST紅白歌合戦出場の意味とAAA時代に感じたこと   47

MAZZELを追うドキュメンタリー、エンタテインしない理由   50

2つ目のボーイズグループ「MAZZEL」を今作る理由   56

「好き＝好き」を実現する身体性のために   59

BE:FIRSTに課す「大きな夢」のためのマイルストーン   64

BMSGを支えるB-Town、その重要性とリニューアルの狙い   71

SKY-HIが語るMAZZEL 新たなオーディションで目指したもの   77

"BMSGに共鳴する仲間"を巻き込むパーティー開催   86

BE:FIRSTとMAZZELのリリースを振り返る   91

音楽番組『D.U.N.K.』をYouTubeでやる重要性   94

ソロのステージで「自分自身」を再定義したかった   100

ツアー初日前夜「久しぶりに眠れなかった」理由   106

新曲＆ドキュメント映画で示すBE:FIRSTの新境地   109

メンバーの"音楽的発露"を感じたBE:FIRST最新作   115

会社としての仕組みを確立するフェーズに来た   121

音楽業界の空気も変えたBMSG、3周年に思うこと   124

日本のエンタメを更新したかった2度目の「BMSG FES」   129

2度目の「BMSG FES」、EASTとWESTで分けた理由   136

【講演】日経クロストレンドFORUM 2023より
続・音楽ビジネス革命
「嘘がつけない時代」のファンとの関係　　　144

PART 3
2024年のBMSG

ガールズオーディションはより理想的に歩むための一歩　　　156
Nissyとのコラボ曲で届けたかったテーマとは?　　　163
BMSG設立時からの夢だったNovel Core武道館の意味　　　170
BMSGが発した音楽業界を持続不可能にしないための提言　　　177
初の東京ドーム公演を終えたBE:FIRST、次のフェーズは?　　　184
BE:FIRST東京ドーム公演の演出・選曲に込めた意図　　　191
ずっとやりたかった "本当の意味での音楽番組" がスタート　　　195
法人としてのBMSG、CEOとしての自分の成長を感じた日　　　198
ソロ5人での「BMSG POSSE」を世に出す意図は?　　　204
BE:FIRSTとATEEZのコラボレーションが実現するまで　　　211
デビュー1年で「自己肯定感」と「自尊心」が育ったMAZZEL　　　218
BE:FIRSTの2ndアルバムで社会に見せたかったマインド　　　224
BE:FIRST初の海外公演で感じた大きな手応えと収穫　　　229
夏フェス総括2024 カルチャー創造のための必要要件　　　235

【講演】日経クロストレンドFORUM 2024より
続・音楽ビジネス革命
BMSGの日本再興プラン　　　242

あとがき　　　252

〈初出〉【PART1】書き下ろし【PART2／PART3】日経エンタテインメント! および日経XTREND
連載「Be myself, for ourselves」2022年12月〜2024年10月掲載分を加筆・修正

PART 1

SKY-HI Special Talk

急成長を続ける5年目のBMSG
「社会を善くする」ためのマネジメント

2020年9月に設立されたBMSG。その社名は、「Be MySelf Group」が由来だ。誰もがありのままの自分で生きていくことを第1に、SKY-HIは小さな旗を掲げた。設立時、社員はSKY-HIたった1人、アーティストはSKY-HIとラッパーのNovel Coreのみ。法人登記はしているものの会社としてのリアルな「場」はなく、最初の頃、様々な郵便物の宛先はSKY-HIの実家だった。

それから4年後の今、BMSGはダンススタジオやレコーディングブース、さらにはサウナまでを備えた自社ビルを構え、社員数は約80人にまで増えた。所属アーティストは20人、さらにデビューを目指すトレーニー（練習生）たちを抱え、日本の芸能事務所としては決して小さくない規模となっている。

だが、BMSGを高く評価すべき点は、何よりもその活動のエンタテインメント業界に対する影響力、インパクトだろう。まずは改めてこの4年を振り返りながら、BMSGが何を大事にし、どこへ向かおうとしているのかを明らかにする。

21年のオーディション「THE FIRST」には、既存の音楽業界の枠組みにはまらず、輝ける場所がない、夢を諦めざるを得ない、しかし才能のあるボーイズたちが参加。オーディションでSKY-HIが話す言葉の1つひとつが今の音楽業界に対してのアンチテーゼであり、同時に、少なくない視聴者が「本来こうあるべき」と感じたプロジェクトだった。「THE FIRST」は新しい時代の始まりを告げたエポックメイキングのような原点だが、そこから本格的に始まった現在のBMSGの各アーティストの成功をどう見ているのか。

人間的成長＝アーティストとしての成長

　オーディションをやると発表したときは「絶対うまくいくわけがない」と言われましたし、視聴者の方々の熱量が高くなり、BE:FI

RSTのプレデビュー曲『Shining One』が各チャートで1位を獲得した後も、「どうせ一発屋で終わるだろう」という冷ややかな目が少なくなかったですね。ただ、オーディションが成功した場合にどうすれば一発屋にならないかっていうことは、考えるほどのことでもなかったんです。

なぜならBMSGは、アーティストの人間的成長がそのままアーティストとしての成長につながるという哲学のもと、また人を大事にするという哲学のもとに動いている会社ですから。最近、こうした哲学に「人生ファースト」という言葉がしっくりくるように感じて、よく使うようにしています。

「人格や生き方を正しく考えれば自ずとアーティストの成長につながる」って真剣に思うんです。BE:FIRSTの場合、ライブハウス、ホール、アリーナとしっかりと段階を経てドームに行くことは最初から決めていたわけですが、人気だけを考えればドーム公演を前倒しにすることも可能だったと思います。しかし、即時的な利益を得ようとして水物でもある人気に乗じてそれをやると、長期的な利益もアーティストの人間的成長の機会も損失する。特に後者の損失は致命的ですよね。

数年後にBE:FIRSTの軌跡を文字だけで見たら順風満帆そのものに見える気がしますが、当然誰かが歩んできた道ではないので、僕も本人たちも歯がゆい思いやつらい思いを繰り返して、うれしい気持ちと同じくらい苦しい気持ちや悔しい気持ちとかもいっぱいしてきたんです。それを経てやっと、それこそ今の彼らを見てくれている方には間違いなく伝わっていると思いますが、本当に楽しく、明るく、仲良く、元気よく、最高の空気感のままドームアーティストになれている状況です。本当に誇らしいことだと感じます。

BMSGがボーイズグループを作るための会社ではないことは前提として言わなくてはなりませんが、それでもBE:FIRSTの成功は象徴的です。数字的な実績はもちろん、彼らの活動中の空気感やサポート体制において、BMSG設立時の自分のステートメントであったり、会社としての理念哲学であったりの正当性や成功を裏付ける状況を作っているのは間違いないと思います。

　一方、ソロアーティストのマネジメントは、グループ以上にビジネスを抜きにして、長期的な人間の成長に付き合っていく、向き合っていくという姿勢を持ち続けることが必要だと考えています。

　Novel Coreは24年に武道館に立ち、25年はアリーナ公演。Aile The Shotaも25年に東京ガーデンシアターでのライブが決まっていますが、ソロアーティストは会場規模をステータスにしてはいけない。コアの武道館公演に関しては、BMSG設立前から2人で話していたことだし、僕にとっても数年越しの夢がかなったメモリアルなステージでしたが、大事なのは、アーティストとしてその人だけの戦いができているかどうか。コアはコアにしか、ショウタはショウタにしかできないことをという具合に、それぞれにしかできないことを続けていくことが必要であり、「勝ち方にこだわる」、ひいては「生き方にこだわる」ことが何よりも大事だと思っています。もちろん彼らの年齢やキャリアを考えると順調および妥当に成長していることは誇らしいですが、今後はこれまで以上に彼らが自分自身を発露できるように向けていきたいです。

　そういう意味では、僕を含めたソロアーティスト5人のクルーである「BMSG POSSE」みたいなことができたのは大きかったし、何か強烈な可能性を感じています。今の競争社会とか冷笑文化とか、変わらずある同調圧力とか、そういったものの真反対にある

「好きな人と好きなことをやる、以上！」という純粋なプロジェクトを POSSE としてできていることが誇らしいし、日本の社会全体に充満するネガティブな空気を取り払える可能性があるなと客観的に見ても感じています。

　ソロアーティストは本当に良い曲と良いライブを作ってくれているので、ヒットするためのプロモーションの最大化とかは社長としても頑張らないといけないと責任を感じています。

「明確にビジョンを語る」ことの必要性

所属アーティストの 20 人に加えて、企業としてはたった 4 年でスタッフが約 80 人まで拡大（24 年 11 月現在）。社員数で言えば、設立 1 周年では社長を含めて 1 ～ 2 人。当然、社長としての在り方は大きく変わった。

　起業直後の頃は、「チームリーダー」の感覚に近かったように思うんですよね。アーティストのことを「IP」って呼ぶのは本当に嫌だけど、起業直後の会社が持っているプロダクトってアーティストが生み出す作品に限られる。BE:FIRST がデビューした頃のアーティストは、他に自分とコアだけ。コアはソロアーティストだから、BE:FIRST とはあるべき向き合い方がそもそも違う。そのなかで、22 年の年明けくらいまでは自分がフルコミットすべきプロダクトは BE:FIRST の作品のみだったし、BE:FIRST を成功させること以上に自分がやるべきことはなかった。彼らの作品が圧倒的なヒットを作り出すことが、社長として 1 番大事な仕事だったんです。現場にもフルコミットで同行するし、BE:FIRST がテレビ出演する際に、パフォーマンスのクオリティーが 1 ％ でも上がるんだったら行くべきだし。

起業当初から「健全な組織生成のためにはスタートが大事」だと意識していたので、気をつけるべきものだったり社内で絶対にやってほしくないことだったりはいくつかありましたが、今振り返ってみると、結局はまずスタートしたときにヒットを作れないと、何1つ始められないんです。「何がしたいのか」を伝えるときに3分間＝つまり1曲ぶんで伝えられないといけないということは強く思いますし、その成功に至ったのが、まず会社としてのBMSGが錨（いかり）を上げている状態になるので、そこがスタートだったように思います。

　社員が増え、24年4月からCxO（Chief x Officer＝各組織の最高責任者）を配置し、僕個人の経営への関わり方も変わりました。カレンダーで見て全体をなんとなく把握したり、slackの便利さに舌を巻いたり。なんとなく伝わるじゃないですか、全アーティストが今どういう状況かとかが。そうした一般的な組織のトップと同じようなことをやるに従って新たに見えてくる問題もあるし、新たにできるトライもあるし。正直言うと、24年の頭くらいまでは「人に仕事を任せる」ということの本当の意味がよく分からなかったというか、どのタイミングで「お願いします」って言っていいのかがよく分からないみたいなのもあった。だから、そんな感じでずっと"経営者1年生"の気持ちですね。それはそうですよね。だって、このスピードで会社を成長させるとなると、毎年やらなくてはいけないことが違うんだから。

　そのなかで、改めて大事になってきたのが、「明確にビジョンを語る」ことの必要性です。起業する前から、「社長のすべきことはビジョンを明確に語ること」だと、経営者である先輩方から聞いたり、本などでも読んだりしていたのですが、その言葉の捉え方が最近自分の中で変わってきたなと思います。

　社員が20人程度の頃くらいまでは、BMSGが何をしたいのか、

BE:FIRST がどういうことをやっていくのかについて、週1回は全体に話す機会があったし、全員に伝わっている感覚もあったけれども、今の規模だと毎週伝えても以前と同じような濃度では伝わらないのが常です。だからこそ、これまで話していたビジョンの粒度を細かくして伝えていかないといけないなと感じています。

　先日、全社員が参加する自社興行フェス「BMSG FES'24」の場で、BMSGの3つ目のオーディション「THE LAST PIECE」を発表したのですが、あれはすごく理想的な発表の仕方でしたね。「そろそろ社長が新しいオーディションをやるらしいよ」といった伝聞形式ではなく、ステージで発表し、「THE LAST PIECE」に向かうトレーニーたちが涙を流し、アーティストも涙をこらえ…という場が作られたことで、社員全員の意識が1つになって「THE LAST PIECE」に向かうことができた。今後も、全てにおいてそうした発表の仕方を意識してやらないといけないなと感じた瞬間でした。

「カリスマ性の発揮」と「風通しの良さ」の両立

よりビジョンを明確にし、正しく伝えるうえで意識すべきことは？

　会社組織の運営は、常にトライアンドエラーではあるのですが、今は、自分の「カリスマ性の発揮」と社内の「風通しの良さ」、この両立かなと思います。実は起業当初、僕が社員との関係で1番大事にしていたことは、圧を感じさせないコミュニケーションを極力心掛けることだったんです。強いビジョンを掲げてBMSGを立ち上げた創業者であり、アーティストでもある自分の影響力が強くなりすぎるのを恐れて、極力優しく、下手に出るような接し方をし、相手に萎縮されたら終わりだと思っていました。アーティストに

対してはその接し方は今後も変わらないと思いますが、社内におい
てはひょっとしたら「社長に怒られたくない」っていうテンションを
始めてもいいのかもしれないという気が少ししています。

　その理由の1つは、カルチャーが異なる様々な会社から転職し
てきた人が増えたことで、「今までの会社でやってきたこととBMSG
って、そもそも違うんです」と強烈に上書きしなくてはいけない必要
性を感じているから。特にマネジメントやA&R関連など芸能・音
楽業界の経験者採用が多い職種にあっては、自分が相当な影
響力を持っておかないと危ないなと思うことがあります。経験があ
るのは素晴らしいことですが、「普通、こうだよね」で物事を進め
てしまうようなことが起きてほしくない。BMSGは芸能や音楽の業
界において長年こびりついてきた良くない「当たり前」を壊して、よ
り良い「当たり前」をつくろうとしている会社ですから。

　例えて言うなら、「すごく行儀良く礼儀正しくしてるけれど、スパ
ゲティをズルズル食べちゃう」とか「すごく行儀良く礼儀正しく、こ
のカルチャーに合わせようと思っているけれど、そばをフォークで
巻いちゃう」とか、そういうことだと思うんですよ。つまり、良し悪し
の話ではなく、「BMSGのやり方」みたいなものを強く浸透させな
くてはいけないという意味で、カリスマの発揮しどきなのでは、と
（笑）。敬われたいわけでもないし、偉い人だと思われたいわけで
もないけれど、そうしないと健全な経営にならないと思っています。

　BMSGでは、設立1年目から「優しい」を企業のバリューとし
て掲げていたんです。前述のように創業者でアーティストである自
分の存在感が強く出すぎるから、「ものを言いやすい」「社長に極
力気を使わないでいられる」ことを自分が意識するのが正しかっ
たから。でも2年目にして、「優しい」というバリューは早くも形を

変えることになりました。なぜなら、「優しい」って言葉は、あまりにも抽象的すぎるんです。社員2人や3人ならば共有できるけれども、10人、15人にもなると「優しい」の定義がそれぞれ違ってしまって、組織がうまく働かない。同じように、社員の人数が増えるほど、具体的に定義していかないといけないことがもっともっといろんなところで起きるんでしょうね。だからこそ、1つひとつの仕事に関して「何のため」「誰のため」を都度考えるときに、僕の存在がみんなの頭の中にドカッといる状態を意識的に作る必要があるし、発言の具体性や存在感をさらに強くしていくことを意識しないといけない。そうなったときに1周回って起業当初と同じように、自分の存在が強すぎ、ともすれば畏怖の対象になってしまうから、風通しの良さを担保しましょうという話になるのかもしれません。

　風通しが良くなればなるほど会社の空気が良くなるから、全社で取り組む「BMSG FES」のようなプロジェクトがうまくいくわけですよね。24年の「BMSG FES」で1番誇らしいのは、各部署が自発的に動いてくれた結果、各部署の数字がgrowth（成長）したことです。グッズの売り上げもファンクラブ等の会員数も動画の再生数も、全部が全部伸びたんです。これまでは自分が指示を出したりすることが多かったんですが、自発的に考えて実行する組織に成長したことが本当に誇らしくて。それに加えて、自分は組織を前に進めるために強い存在感と影響力と具体的な発言を意識し、一方でhumble（謙虚）であることや話しかけやすい雰囲気を作ることで、風通しの良さを意識する。自分の役割としてはその両輪を回すことなのかなと思っています。

様々なバックグラウンドを持つ社員が集まったことで、未経験から育った人材も生まれている。BE:FIRSTのマネジャーの松尾氏はその代表例の1人だ。

15

松尾は僕が人生で初めて育てようと思って育てて、成長してくれたマネジャーです。これまでもずっとマネジャーを育てようとしてきたけれども、自分より年上のことが多く、なかなかうまくいかなかったんです。松尾はマネジャー職未経験の第2新卒で入社してくれたんですが、入社当初から"松尾チーフマネジャー計画"というのを秘密裏に立ち上げ、2年越しでようやくチーフマネジャーになりました。先日、転職サイト「ビズリーチ」に松尾の密着動画が上がったんですが、ビズリーチ史上ダントツ1位の再生回数を記録しまして…めちゃくちゃうれしかったですね。BE:FIRSTが勝負を掛けた『Mainstream』が大ヒットしたときと同じぐらい気持ち良かったです。だって、自分が必要だと感じて、数年掛けて狙いすましてきたことが当たったんですから(笑)。

　実際、BE:FIRSTが成長してくれたことがうれしいのと同様に、松尾が成長していることがうれしいです。BE:FIRSTは、それぞれ自由ゆえに時にははみ出してしまうこともありますが、そのたびに「どう伝えたら分かってくれるかな」みたいなことを繰り返しながら、本人たちを萎縮させることなく、それぞれの良さを強調したまま成長してくれている。僕にとってのその成功体験は松尾でも味わっているんです。彼の持ち前の能力の高さをより伸ばしながら、たまには注意をすることもある。ただ、松尾の年齢とキャリアとともに、僕が注意することの影響も考えながらですけど。…ひょっとすると、自分が社員に注意したのは松尾が初めてのような感覚があるかも。

　それまでは年齢関係なく全てのスタッフに対して、「注意」ではなく「お願い」という形で伝えるように心掛けていたんですよ。きっと、松尾に注意するのは、初めて「育てよう」と思ったからなんでしょうね。

松尾が育つということは、今後マネジャー未経験者がBMSGに入ってきても、松尾はその人を育成できる。つまり、BMSGのカルチャーを作れるってことなんです。逆に言えば松尾が育たなければ、BMSGはこれからもずっと他社の経験者を採用し続けるしかないわけです。今、新たに"松尾部長計画"も進んでいます。BE:FIRSTが1位を取り続けないといけないように、松尾は最年少出世を繰り返さないと、BMSGのカルチャーが作れない。藤田さん（藤田晋／サイバーエージェントCEO）が子会社に20代社長を作り続けてきた意味がようやく分かったような気がします。

そろそろ松尾を全社員の前で褒める機会も作りたいのですが、松尾に限らずそれぞれの社員がそれぞれに頑張ってくれているので、誰かが特別褒められすぎるというのは、なかなか難しいコミュニケーションですよね。それに、この成功体験に甘えて「俺はアーティストだけじゃなくて社員の育成にも適性があるんだ」って調子に乗っていると、大失敗する可能性もあるんで。何事も"Be humble（謙虚になりなさい）"っていうか、人は千差万別であることを意識して頑張っていきたいなと思います。

人材育成──社員に求める「4 Values」

BMSGのミッションは起業以来変わらない「才能を殺さないために」。さらに会社が掲げる「4 Values」（革命的、真面目、想像力、成長欲）が社員の評価軸にもなっている。

「4 Values」を打ち出す前には、ミッション、ビジョン、バリューをそれぞれ掲げていて、そのバリューの1つに先ほど申し上げた「優しい」があったわけですが、より分かりやすくシンプルに精査

していくなかで、「4 Values」ができました。「才能を殺さないために」は今後も永続的なミッションとして置かれるべきことであると位置づけ、そうなったときに、ビジョンを広げるよりはバリューを明確にしたほうがいいと考えました。…そんな感じで今も全てにおいて試行錯誤を重ねていますが、やってみないと分からないことだらけだけど、やってみると分からないことが1つ減る。だから人生って面白いんだよなと思います。

　最近、「4 Values」の革命的、真面目、想像力、成長欲が社員に本当に浸透しているのかが不安になり、キャッチフレーズをつけたんですよ。全部の頭文字をとって「かまそうぜ（せ）」って。このワードセンスもギリギリBMSGっぽいし。これで全員覚えたと思います。出てこない人がいたらちょっと教えてください（笑）。

　今はそれとは別に、5期目のスローガンとして「TO BE PROFESSIONAL」を掲げていてます。今、ありがたいことに、オフィスを覗くと社員同士が仲良く仕事をしている様子が見られ、少なくとも自分は居心地の良さを感じています。でも、楽しく仲良くって、ともすればサークルのようになってしまう危うさもあるんですよね。BMSGの仕事はアーティストの人生を背負っているものだし、逆にアーティストの人生がどう転ぶかも社員に関わってくる。そう考えると、シリアスさやシビアさも不可欠なんです。だから「TO BE PROFESSIONAL」という言葉を掲げ、プロとしての仕事を求めています。ものすごく基本的なところで言うと、報連相（報告・連絡・相談）だったり情報共有みたいなところも含めてなんですが。

　もう1つ最近自分が意識・実践しているのが、「人を紹介するカルチャーを浸透させる」ことです。これは特に多くの人が現場にいる芸能の世界において顕著なのかもしれませんが、「誰だか

分からない人が現場にいて、誰だか分からないままに終わる」みたいな。通常のビジネスシーンだと、仕事が始まる前に名刺交換を経て本題に移るので、こういうことってありえないのかもしれませんが。「誰だか分からない人がいる」状態では、1の会議から1.1以上が生まれることはないと思うんですよね。「TO BE PROFESSIONAL」でやるべきことは多いんですが、まずは1つひとつできるようになっていこうと、まずは「紹介」の徹底化から始めようと意識しています。

　余談ですが、BMSGに入社すると髪色が明るくなるのも面白いですよ。髪色は自由ではあるのですが、自分より上にも下にも髪色が明るい人がいるし、社長も金髪だし（笑）…となると、せっかくなら人生に1回くらいは明るい髪色で働いてみようかと思う気持ちになるのは分かるような気がする。でも、髪色を明るくすればするほど、仕事が「TO BE PROFESSIONAL」でないと、「ああ、やっぱりね…」と思われるから、結構背筋が伸びる作業ですね。金髪で服装も派手だけど、すごく低姿勢で明朗快活、コミュニケーションに何の不自由もなく完璧だと、その意外性でめちゃくちゃいい印象になるんですよ（笑）。他ならぬ自分が1番そのエフェクトを利用しているところはあるのですが（笑）、そろそろ通用しなくなってくると思うから、背筋が凍ります。

　僕も今や、「芸能事務所の社長」と認識されていることも増えたし、意図せずではありますが一定の好感度を得てしまっていて…まともな立ち居振る舞いをしても「こういう方だと思いませんでした」とは言ってもらえないんですね。海外の人と接するときくらいですかね、いまだにエフェクトが利くのは。

　BE:FIRSTの成功のおかげで、海外でも自分のアーティストとし

てのキャリアや起業の経緯などにも興味を持ってくださり、話してみたい、会ってみたい、インタビューしたい、コラボしたいとか思ってくれる方が格段に増えて。次のフェーズに入ったなと思います。時を同じくして、24年5月以降、自分の曲を書く際に強烈に「社長」としての自分に向き合った感覚がありました。その1番が『タイトル未定』（今自分が歌うべきことをひたすらラップしたという、SKY-HIのここまでの半生をさらけ出した1曲）ですが、まだ世に出してないものでも3曲ほど完成しているんです。

どちらが先かは分かりませんが、自分の内も外も次のフェーズに入った感覚があり、特に内側の感覚で言えば、自分の人生にフラットに向き合えている。そのためか、最近はAAA時代の話を自分から口にすることも増えたような気がしますね。未発表の曲の歌詞にも1カ所入れたんですよ。「AAAに2つ足してA5ランク最高級の肉を好きなだけ仲間と頬張る」みたいな。別にAAAの話をしているわけじゃないけど、今までだと歌詞に入れるのも抵抗というかリスクヘッジしていたところがあったんで、何か次のフェーズだなという感じがします。

自社ビルで進化したコミュニケーション

24年7月から本格稼働した自社ビルは、ダンススタジオやレコーディングブース、オフィスなどに加え、聖地「しきじ」監修のサウナ、アーティストがリラックスできるアーティストルームなども備え、まさに "基地" という雰囲気だ。自社ビルにはどんな効果が？

自社ビルは、シンプルにあったほうがいいなと思っていたので、持ちました。アーティストの仕事って毎日のように行く現場が違い、

一般的な社会人のように「何時に起きて、どこに出社して〜」が
ないので、帰属意識もないものなんです。でも、BMSGの強みは、
アーティストたちのBMSGに対する帰属意識が強いことであり、そ
うした絆は武器にもなるし担保にもなる。それと同時に、人間ってそ
んなに強くないものだと思うんです。例えばコアと1カ月会わなかっ
たら、コアはその間で何かに悩んだりしているかもしれないわけで
すよね。で、自分が1カ月後に会うコアは、もう悩み切って、もし
かしたら何かしらの解決策も出していて、それがひょっとしたら客観
的に間違った結論になっている可能性もあるんですよ。だから、顔
を合わせる場所があるということは、アーティストにとっては会社員
以上に必要だと考えています。

　もちろん、これまで自分もオフィスで仕事をすることが少なかった
ので、内勤のスタッフと顔を合わせる必要性も強く感じていました。
どんどん増えていくアーティストとスタッフが顔を合わせる機会も少な
い。さらに、忙しいアーティスト同士も顔を合わせる回数が少ない。
こうした課題を、自社ビルが解決してくれた。自分、アーティスト、
スタッフが1カ所に集まる場ができたわけです。

　例えば、ダンススタジオでリハーサルをしている人がいて、別
のフロアでレコーディングをしている人がいて、また別でミーティン
グをしている人がいる。全然違う目的でビルに来たアーティストが
それぞれに用事を済ませてアーティストルームで集うこともあるんで
す。顔を合わせる回数が多いことのメリットの大きさについてはGo
ogleなどでも聞きましたが、リモートワークを止める会社が増えまし
たよね。固定費を抑えてそのぶんを別の投資に回すことが効率的
とされ、コロナ禍を機にその流れに拍車が掛かりましたが、やはり
顔を合わせることでしか生まれないものの効果の大きさを実感して
いるところです。

21

強調していきたいBMSGの「独立性」と「自主性」

5期目に入ったBMSGおよびSKY-HIの社長業だが、外からの見え方として課題はあるのか。

　「BMSG」という名前を知ってくださる方が増えている実感がありますが、一方で名前が知られるなかで、自分がプレーヤーと社長を兼ねていることもあり、社長っぽく見えないこととはこれからも戦っていかなくてはいけないと思いますね。社長っぽくあるべきなのかどうなのか…この本の表紙で、黒髪のウィッグを付けて撮影してみたんですが、効果があるのかないのか自分でもよく分からなくて（笑）。トライアンドエラーではありますが、まだトライしていきたい部分ですね。

　実際のところ、端的に言えば、いわゆる"雇われ社長"というか、何か大きな組織が後ろ盾についていたうえでのマスコット的な社長だと思われている誤解は解いていきたいです。完全に独立した1つの企業であることはもっと知ってほしい。よくあるのが、エイベックスや日テレさんが後についているという話なのですが（苦笑）。どの会社にも依存せず、1企業同士としてのビジネスをしていますし、だからこそ成し遂げている成果があると自負しています。それはもっと強調していきたいですね。

　これまでの芸能って、癒着や忖度が大きな問題としてあって、だからこそ業界自体が健全に成長できてこなかった。そうした現状を変えるべく僕はBMSGを立ち上げたわけで、独立性や自立性、さらには経済的な成功をもアピールすることは、BMSGにとっては非常に大事。どこからも完全に独立した組織であることは、これからもずっと強調していかなくてはいけないと強く思います。

少し自社ビルの話に戻ると、独立した会社であるがゆえに、BE:FIRSTを筆頭に稼いだ利益はどこに搾取されることもなくBMSGに入る。だからビルを持てたわけです。もちろんまだ社員80人程度の規模ですし、得た利益としてもここが天井とは思っていないけれども、その成功を「自社ビル」という形で見せることも必要だと考えているのも事実です。いわば「傾く」に近いかもしれませんが、でもあんまりかぶいているつもりもないです。

　今、必要なものをそろえたら自社ビルになった。でも本当は今、怖いんです。新しいプロジェクトを始動して、社員もアーティストももっと増えることは決まっている。ここからどんどん大きくして将来はもっと大きなビルにと思っていたのに、プロジェクトが始動段階の今で、もうこのビルはパンパンなんですよ…。

　まずサウナ。サウナを作ることに対しては反対意見もありました。「最初のうちは珍しがって使うかもしれないけれども、そのうち誰も使わない無用の長物になる。スペースの無駄だ」って。でも結果、グループやソロアーティストの垣根を越えた交流がサウナで生まれています。サウナで顔を合わせれば自然とコミュニケーションが生まれるし、その後、アーティストルームで一緒にくつろぐことで新しい関係性が築かれています。1カ月平均でこのくらいの人数が使わないと採算が合わないというラインがあるのですが、その回数は今はるかに超えています。

　一方で、ダンススタジオは2カ所あるのですが、当初の予想では少しの余裕も含んで作ったつもりでしたが、蓋を開けてみたら、こちらもパンパンで。まあ、うれしい悲鳴ですね。ダンススタジオに関しては、アーティストが自主練で入りやすくなったことが稼働率を伸ばしているんです。先日もアーティストたちとご飯を食べた後

に僕が会社に戻ろうとしたら、なぜかJUNON（BE:FIRST）もついてきたんです。何かなと聞いたら、「今から自主練して帰ります」と。うれしかったですね。

　ちなみに今、JUNONが1番やりたいのは、合宿だそうです。実力が1番伸びた実感があったのがオーディション「THE FIRST」での1カ月間の合宿だったから、またやりたいと。24年の夏にRUI、TAIKI、KANONの3人が米LAで合宿をしたんですが、それを知って「いいないいな。僕らもLAで合宿とかできないんですか？」と無邪気に聞いてくるので、「じゃあ、行こうか」って（笑）。「日髙さんサウナ好きだから、日髙さんがビルを作るってなったらサウナできるんですよね、やった！」って言って、サウナを作るきっかけになったのもJUNONだったんですが、そうしたことを無邪気に言うのは本人が本来持つ資質でもあるけれど、自分がアーティストといい信頼関係を築けているとも言えるわけで。

アーティストとの理想的な関係

　みんな何か不安があったり確認したいことがあったりすると気軽に連絡をくれますし、僕に遠慮なくツッコんでくれるし、何かしたいことがあれば言ってくれるし、うれしいですね。とは言え、しっかり敬意も忘れない。理想的な関係なんじゃないかなと思います。実績がゼロだった頃にBMSGのオーディションに応募してくれたメンバーとは、特に一緒に会社を作ってきたという特別な絆があるように感じます。

BE:FIRSTのメンバーは個々に「BE MY SELF GROUP」を体現していると感じる。「BMSG FES'24」でも、SKY-HIが「今のみんなの姿を見たら、他のオ

ーディションに受かる人には見えない」と言う一幕もあったが。

　補足して言えば、何か特定のオーディションがあったとして、そこに受かる自分を作り込めるくらいの能力はみんなある気がするんです。スキルやパフォーマンスだけでなく、立ち居振る舞いやルックスなども含めて、そのオーディションに受かるように自分を調整できる力はあると思います。でも、それでできたグループは絶対に今のBE:FIRSTにはならないと思います。自分らしさを毀損することなく完成しているのが今のBE:FIRSTだから。

　この時代のボーイズグループで、事務所に無断で髪色を変えてくるのって、そうそうないですよ。「染めたくてやっちゃいました」って来て、「マネジャーに許可取ったの?」と聞くと「いや、今回はちょっとやりたくなっちゃって」って(以上、BE:FIRSTのSHUNTOの口真似で)。JUNONも髪をブリーチした直後に会社で会った際に、自分やShota(Aile The Shota)がサウナに入ろうとしたら、一緒に入ろうとしてきて、「ブリーチ直後はやめたほうがいいよ」と言ったのに、自分の髪はこうこうこうだから大丈夫と本人なりの理由をつけて、結局「わーい!」ってサウナに入ったんですよね。でもJUNONがシャンプーをしているときに「うわあ、髪が切れるー!」って叫び声がして(笑)。…そうした自由さ込みで、彼ら7人が彼らそれぞれのあるがままに集まってできたのがBE:FIRSTなんですよ。

　彼らとの接し方は変わらないし、変える必要がないと思っているんです。僕の(ライブの)ステージも見ているし、そのレベルでいいのかなって感じがしています。彼らにとって必要のないプロデューサーだったら、いなくてもいいじゃないですか。だから、別に彼らに対してかっこつける必要はないし、必要以上に高く見積もられる必要もない。ただ、曲を作るにしろ、ライブを作るにしろ、中長期

25

のプランを作るにしろ、自分にしかできない仕事なのは確かで、み
んなもそう感じている。だから、それ以上は特段いらないかなと感
じています。

2025年に始動する2つのグループ

設立5周年を迎える2025年は、BMSGにとって大きな1年になる。ラッパー
でシンガーソングライターのちゃんみなプロデュースのガールズグループオー
ディション「No No Girls」からBMSG初のガールズグループがデビューし、3
つ目のボーイズグループのオーディション「THE LAST PIECE」も始動する。

　本当に大きな2つのプロジェクトです。「No No Girls」は本当
に盛り上がらない未来が見えないほどですね。なぜそうなるかと言
えば、世の中にとっても本当に必要なプロジェクトだからです。こ
れは、世の中に「No」を言われ続けてきた女性たちが集まって
きたオーディションです。ちゃんみな自身が、自身の望む望まざる
にかかわらず、女性たちをエンパワーする楽曲を発表し続けてきま
した。女性の生きづらさ、ルッキズム、芸能や音楽の世界での
問題、ぶち壊さなくちゃいけない概念やビリビリ剥がさなくちゃいけ
ないラベルなどにちゃんみなは対峙してきたわけですが、「No No
Girls」およびそこから誕生するガールズグループは、社会進出し
ようとする女性の生きづらさと、あまりにも男性優位すぎる社会とル
ッキズム、その3つへの革命を起こすと確信しています。

　BMSGにとっても、このプロジェクトは大きな意味を持っています。
と言うのも、2つ目のグループMAZZELに期待していたもの、そ
して、これから始まるオーディション「THE LAST PIECE」まで
にMAZZELをもう1段階くらい盛り上げないといけないと思ってい

る理由ともつながるんです。

　BMSG の中で僕や Novel Core はラッパーで、BE:FIRST が HIPHOP に傾倒している。BE:FIRST が彼らの意志として HIPHOP に傾倒しているのは、元々自分の呼びかけに応えてくれたメンバーが集まったからという側面もあり、自分としても喜ばしいことであるのと同時に、その HIPHOP が内包するマッチョイズムが先行することへの危惧はすごく感じていました。でも、MAZZEL の 8 人が集まったときに見せるカラーは、そことはまた違った可能性を持っているんです。HIPHOP に傾倒するメンバーが多い BMSG にあって、彼らも同じような精神性を「正しいもの」として受け継ぐ必要はない。SEITO や RAN のように元々ストリート育ちの子はそうした側面を持っているでしょうが、特に NAOYA と HAYATO に期待しているのはマッチョイズムからの脱却なんです。それに成功するかどうかで BMSG の幅が決まってくるように感じていますし、「No No Girls」からガールズグループが出たときの彼女たちの説得力にもつながってくるように感じています。

　ちゃんみなと僕は、掲げるものが非常に似ています。 考えつくことも大体似ているし、ワーディングが違ったり、性格が大きく違うから アウトプットの仕方も異なったりはするけれど、玉ねぎみたいに剥けるところまで剥いたら、もう同じものがぽこって出てくるんじゃないかなと思います。ちゃんみながプロデュースしたり、ちゃんみなが引っ張ったりした結果、世に出てくる女の子たちが我々に与える影響は、ポジティブなものしか今のところは想像がつきません。

　もう 1 つ、ここから始動する「THE LAST PIECE」には、トレーニーでありながらすでに配信リリースをしたり、冠番組も含めて番組に出演したり、「BMSG FES」などにも 1 アーティストとして出

てきた RUI、TAIKI、KANON の 3 人が参加します。オーディシ
ョンとはいえ、3 人のデビューは確度が極めて高いものになると思
います。でも、確定ではない。基本的には もう今回デビューして
くれると自分も信じているところはあるけれど、本格的にデビュー
する前に、何か見つけなくてはいけない、つかまなくてはいけないピ
ース（欠片）があると思うんです。彼らにとってはオーディションの
名の通り、最後のピースを探す期間になると思います。デビュー
する前にどこまで人生を回収しておけるかは、今後に大きく作用す
る気がするんです。とにかく完璧なデビューにしたいから、しっか
り全てを回収した状態にしてほしいと願っています。

「THE LAST PIECE」開催の発表後、RUI に「毎日何かを
するならどんなトレーニングがいいですか?」と聞かれたんですよ。
彼らなりにデビューまでもう時間がないことを実感して、一生懸命
自分たちで考えたり探したりしているんです。とってもうれしいですし、
そもそもその発言があまりにもかわいくないですか?…でも彼らは彼ら
で、当然一般的な感覚よりも特殊な感性を持っているので、早め
にしっかりアドバイスしないと間違った方向に進みかねないな…と、
不安になってきました。

そもそも 5 年目の 25 年を節目に設定した理由の 1 つとしては、
「THE FIRST」では 14 歳でデビューに間に合ってしまった RYU
HEI（BE:FIRST）という番狂わせの男子がいたわけですが（笑）、
履歴書の段階で、今の RYUHEI や edhiii boi（現在 18 歳）、RUI
や TAIKI（現在 17 歳）、さらに現所属でない子たちも含めて、その
世代の才能たちを見ながら、「こういう子たちがもし所属してくれた
ら、5 年後も安泰だな」と思ったことがあります。今、見事に進ん
だ道はバラバラになりましたが、それも含めて美しいと思っています。

28   SKY-HI Special Talk

RUIを初めて見たときから、「必ずいつかデビューする才能。どんな形でデビューするか楽しみだな」と思いながらワクワクしたままここまで来ました。そもそも「THE FIRST」をご覧になった方はご存知でしょうが、BE:FIRSTより先にBMSGと契約したのはRUIなんですから。RUIがトレーニー1号となったことで始まったBMSGのストーリーがあるので、やはり思い入れは強いですね。

BMSGの「カルチャー」を浸透させる1年に

25年の5周年は、BMSG設立時から1つの節目として考えてきた年。今までやってきたり言ってきたことの集大成になることは伝えてきているから、会社全体にこの5年目の重要性は伝わっていると思います。この5年目でBMSGが掲げるカルチャーの世間一般への浸透をどれだけ頑張れるかは今後への影響も相当に大きいんだろうなと考えています。

ボーイズグループで言うと、各グループが正念場を迎える年なので、シンプルに僕自身がタッチする案件が増えていくように思います。まずBE:FIRSTは海外を本格的に目指す足掛かりを作るべき1年。初のワールドツアーを開催します。アニメ絡みの案件以外で戦略を立てて海外展開に臨んでの成功事例は日本には少ないですし、僕の経験則が利かない分野でもあります。そんななか、BE:FIRSTは進んでいかなくてはなりません。MAZZELは本当に今1番面白いものを作れているグループにまで化けてくれたので、「THE LAST PIECE」が始動する前に僕自身がもっとコミットを増やして明確に楽曲のプロデュースをして、背骨を通し直さなくてはいけないと思うし、それがなされた後の彼らは、業界の空気を刷新できる、その準備ができていると感じています。

ダンス＆ボーカルのプロジェクト「D.U.N.K.」の第3章も始動しますが、これは他事務所のアーティストさんをたくさん招くので、デリケートにコミュニケーションしていかなくてはいけない部分がいっぱいある。

　BMSG POSSEももっと海外案件を増やしたいな。そのポテンシャルを感じているし、そこに向いた楽曲も生まれているので。11月26日に東京ドームで開催した「THE GAME CENTER」のように、アーティストがやりたいことも最大限実現させたいし。こうやって改めて挙げていくと、やらなくてはいけないことって本当にたくさんあるな。アーティストが増えているだけではなく、BMSGそのものに注目してくれる人が増えているからこそ、本当に頑張りどころですね。

　深くコミットできないときにこそ、自分からの最初のパスって本当に大事になると思います。サッカーと同じで、パスの強さとか、どっちの足に出すかとか。良いパスを出せれば、良いメッセージになるから、受け取った次の選手もうまく動き出せるでしょう。これからはますますチームプレーが求められていくだろうし、改めてその組織の素晴らしいキャプテンであろうと覚悟しています。

こうして思い描く25年は、果たして起業当時に描いていたものと違うのか？

　驚くほど違うんですよ。BMSGの社会的な立ち位置やBE:FIRSTの成功も、このタイミングで3つ目のグループのプロジェクトが始動することも、自社ビルを持つことも25年の構想にはあったし、それを担保するに値するだけの独立性や自立性も思い描いていた通りに守り続けられています。ここまでは少なくとも「これをやったらこうなる」と見えていたことをやってきただけなのですが、「見えていることをやるだけ」がどれだけ大変かを十分経験したし、不

30　　　　　　　　　　　　　　　　　　　SKY-HI Special Talk

確定要素や不意打ち、予期せぬ出来事がいっぱい起こることも経験したし。だから、「予見通り」ではあるのだけれど、「予定通り」ではなかった印象です。

　想像していなかった問題が起きる一方で、想像以上のうれしいサプライズが起こる。それを繰り返しながら、最終的には気づいたら当初の構想は実現していた。最初に目掛けるものってやっぱり大事なんだなと思うし、2025年以降に目掛けるものも明確にあって、2030年に定めたものができるかどうかという勝負がすでに始まりつつあるのを考えると…ちょっと疲れちゃうんで、まずは2025年を成功させるということかなと思います。

エンタテイメントで社会を善くしたい

BMSGが企業として目指す目標はどこにあるのか。

　一言で言うと「社会を善くしたい」。もう少し正確に言うと、「エンタテインメントは社会を善くするために生まれていて、実際に社会を善くすることができる」ということをちゃんと訴えていきたいし、世間の当たり前にしていきたいと思っています。かつてはあり得なかったマスメディアでのボーイズグループ同士の共演が今は当たり前になったように、エンタテインメントは社会悪のためにあるんじゃなくて、社会善のためにあるという共通認識を植えつけることは絶対にやりたいと考えています。これが1番大きな目標かもしれません。同じくらい目標としてあるのは、かねてから言っていますが、東アジアの音楽業界に日本の席およびBMSGの席を作ること。この2つになるのかなと思います。

もともと僕が「音楽業界を変えたい」というなかに内包していた
トピックとして1つあったのが、「音楽業界と現実社会が乖離して
いる」ことでした。USの、特にHIPHOPですが、社会の現況
に呼応した作品が世の中を動かしていく様子を見てカタルシスを
感じていた身としては、国に大事な問題が起きているときも、その
状況とは切り離された楽曲がロングヒットを飛ばしている日本の状
況に大きな違和感を感じてきました。

　そもそも芸能人が政治的発言をすることをタブーとする世の中の
風潮もつい最近まであったし、粗悪なビジネススキームの話だっ
て密接に社会に関わってくることだし。もともとラッパーとしての僕の
スタンスが「少しでもいいから社会を善くしたい」みたいな社会的
欲求とそれを表出できるUSのエンタテインメントに影響されたもの
なのですが、実際にBMSGを動かしながら、よりやりたいことが
具体的になってきたというのも確実にあると思います。例えば、その
うち1つの小さな事例にすぎませんが、CDに依存したビジネスモ
デルが日本の未来を生まないことを、今までのアイドルカルチャー
のファンの方々への配慮は念頭に置きつつも、抜本的に国を挙
げて対処と浸透させていくべきだと思いますし、その先のビジネス
モデルとしての成長の可能性をエビデンス込みで明確に感じてい
ます。

　でも、決して簡単な道ではありません。エンタテインメントって、
人の欲望を満たすための側面もあり、人の欲望は社会を善くする
ために生まれるものではないから。嫌なことを言えば、男女問わず
アイドルの風俗化ってあると思うんですよ。ファンの性欲を満たす
ためのコンテンツとしてのアイドル。そうした、ともすればグロテス
クな状況に、旧ジャニーズ出身の自分としては強いアレルギーを
感じています。

日本だけでなく東アジアもアメリカも、ショービジネスの世界は
そうした側面とつながっているのかもしれない。でも少なくともアメリ
カや韓国は表向きには取り繕って見せているとも言えますが、日本
は本当に取り繕うこともしない。人間は欲望のためだと理性が外
れますが、その欲望を刺激することによって、性欲、承認欲求など
様々な欲望を刺激することで、ファンからお金を搾り取って成り立
たせるビジネスが明らかに存在している。そうしたビジネスをやっ
ぱり徹底的に否定しないといけないと思う。搾取しているシステム
を否定したいけれども、実際に搾取されている側の人からしたら、
自分の楽しみ＝欲望の出しどころを奪われていることになるから、
非常に難しいんです。自分がやろうとしていることはそういうことだと
いう自覚はあるから、最悪、刺される覚悟はしておかないといけな
いと思っています。

　でも、今流れている空気を本当に変えたい。特にSNS上では
「炎上するものを常に探している」という状況があることを、当事者
になって改めて感じました。火のないところにも煙は立たせる人間
がいることが分かったし、「才能を殺さない」を掲げている我々か
らすれば、決して許せない所業です。それに対抗するために自分
ができることはあまりないかもしれないけれども、違う成果を作ること
はできるかもしれない。そういう意味では、BMSGのファンの方々
がロックフェスの前方でBMSG以外のアーティストのときも全力で
タオルを振り回して楽しんでくれていること、そうしたカルチャーを
作れていることは、僕らにとってもすごく自信と自負につながってい
るし、そうした空気感をどんどん加速させていけるといいなと思って
います。

PART 2

2023年のBMSG

2023

01/13	MAZZEL 結成までを追うドキュメンタリー番組「MISSION×2」が BMSG YouTube チャンネルでスタート
02/01	「D.U.N.K. -DANCE UNIVERSE NEVER KILLED-」の放送がスタート
02/24	BE:FIRST が初のワンマンツアー 「BE:FIRST 1st One Man Tour "BE:1" 2022-2023」を完走
03/01	ファンコミュニティ「B-Town」をオンラインサロンとしてリニューアルオープン
03/05	ライブイベント「D.U.N.K. Showcase」を初めて有明アリーナで開催。 11日、12日には幕張メッセ公演も
03/22	edhiii boi が 1st アルバム『edhiii boi is here』をリリース
04/04	BMSG が関係者を招いたパーティ「Greeting & Gathering」を初めて開催
05/13	「D.U.N.K.」の YouTube 音楽番組がスタート
05/17	MAZZEL がシングル『Vivid』でデビュー
05/27	SKY-HI が自身最大規模のアリーナツアー「SKY-HI ARENA TOUR 2023 -BOSSDOM-」を東京・代々木第1体育館でスタート
08/25	BE:FIRST 初のライブドキュメンタリー映画『BE:the ONE』公開
08/30	SKY-HI『Sarracenia』／BE:FIRST『Salvia』のスプリットシングル発売
09/13	BE:FIRST のシングル『Mainstream』リリース
09/18	BMSG 設立3周年
09/23,24	2度目となる「BMSG FES」を東京・東京体育館で開催。 9月30日、10月1日には大阪城ホールでも公演
10/06	REIKO がデビューシングル『BUTTERFLY』リリース
11/04	BMSG×ちゃんみなのガールズグループオーディション 「No No Girls」の開催を発表。同日より募集開始
12/02,3	「D.U.N.K. Showcase in KYOCERA DOME OSAKA」を 京セラドーム大阪で開催

BE:FIRSTに続くグループMAZZEL
に込めた「迷路」と「情熱」

#新プロジェクト　#Mx2　#MAZZEL　#不安　#悩み　#覚悟　#幸せ
#オウンドメディア

「生きているなかで不安や悩みといったものは常につきまとう。誰もが幸福になりたいはずだし、エンタテインメントはそういった気持ちの助けや啓蒙になるべきもの」

2022年11月22日、BMSGは記者会見で、BMSGとユニバーサルミュージックとの合同レーベル「BE-U」の設立と、BE:FIRSTの次に放つ2つめのダンス＆ボーカルグループを電撃発表した。その名前は「MAZZEL（マーゼル）」。8人組のボーイズグループだ。今、彼らを世に発表した意図は？また、どんなグループになるのだろうか。

　「マーゼル」そのものには「福音」「幸運」の意味を持つ「mazel」の意味がありますが、さらに「Maze」（迷路）と「Zeal」（情熱など）の組み合わせです。人生というものは、彼らがデビュー前に経験した通り、悩んだり迷ったりする「迷路」みたいなもの。けれども、必ず「出口」はある。その「出口」に向けて情熱を燃やし、「幸福」をつかみとって人々に渡していくグループになるという意志を込めています。

　生きているなかで不安や悩みといったものは常につきまとうものです。でも、誰もが幸福になりたいはずだし、エンタテインメントはそ

もそもそういった気持ちの助けや啓蒙になるべきものです。そうした人間としての普遍性が、「MAZZEL」のテーマだと考えています。

別の道を選んだRANとREIKO

BE:FIRSTを生んだオーディション「THE FIRST」に参加し、その後トレーニーとなったRANとREIKOは、以降も歌やダンスをはじめ様々なトレーニングを重ねてきた。それと同時に、彼らに求められていたのは「自分が何をしたいか／どうなりたいか」を考え続けることだった。結果、REIKOは「MAZZEL」とは別の道を選んだ。

　2人とも最初から新グループのメンバー確定というわけではなく、ほかの候補の方々と同じライン上に立ってもらいました。とはいえ、ダンス＆ボーカルグループのメンバーとして活動したい気持ちが芽生えたのに、ここに至るまでなかなかうまくいかなかったRANと、音楽をやる人間としての自我が芽生えてからあらゆる可能性にトライし、最終的に「MAZZEL」とは別の道を選んだREIKO。この2人の物語が今回のプロジェクトのスタート地点にありました。

　「THE FIRST」の頃、今のBE:FIRSTのメンバーは時期に各々差こそあれ、「歌って踊るグループのメンバーとして活動する」ということを自らの人生として覚悟を決めている人が多かったと思います。でも、当時のRANとREIKOは、そこにある種の迷いや悩みを抱えていると、主にパフォーマンスを通して感じました。

　噛み砕いて言えば、2人はそれぞれに課題があったわけです、RANは、歌って踊るダンス＆グループのメンバーに入るという覚悟だけでなく、パフォーマンスなどを通して「自分がアーティストと

してどんな存在を志向するか」に対する腹のくくりをさらに固める必要があったし、歌もダンスも未経験の状態で「THE FIRST」に参加し、オーディションを通して音楽と本格的に触れたREIKOは、「自分が本当にやるべきこと、やりたいことは何なのか」ということを考え続けなくてはならなかった。だから「THE FIRST」以降は、彼らがどう成長し、意識や方向性が変わっていくのか、そこに焦点を当てて2人を見てきましたし、表に出ないところで様々なトライアルをしてきました。

　REIKOがどういった経緯で「MAZZEL」とは別の道を選んだかは、ぜひ、2023年1月からYouTubeチャンネルにて始まるオーディションドキュメンタリー番組『MISSIONx2（ミッション・ミッション）』で見てください。

新グループ「MAZZEL」のネーミングには、SKY-HI自身にとっての「迷路」の存在も感じられる。

　生きていれば誰しもがそれぞれのストーリーを持っていると思います。だから、このプロジェクトもまた、参加者それぞれの「迷路の抜け道」を探すストーリーの一歩になると思います。BMSGとしても、「ただ何も考えずに、考えたり行動したりを放棄することを『幸せ』と思おうとする」という考え方で満足するのではなく、本質的な「幸せ」を求めて手に入れたいと思う仲間たちに集まってほしいと思っているので、彼らがどうやってその道を探すのか、その過程は大事にしたところです。

　迷路にあったのは自分も同じで、この1年ほど「MAZZEL」の結成プロジェクトは、常に悩みがつきまとう事案でした。いつ出すべきか、何を出すべきか、どう進めるべきかなど、悩むことはたくさ

んありましたね。なかでも 1 番重要だったのは、強烈な成功体験
としてある BE:FIRST とは、全く違うことをやるべきだということ。自
分自身にとって必要だった「迷路の抜け道」はそこでした。

オウンドメディアの活用に挑戦

今回はあえての BMSG YouTube チャンネルでの配信。プロジェクトの発表記
者会見では、「YouTube でやりたかった」という SKY-HI の発言もあった。

　いくつか理由はあるのですが、チャンネル（視聴者との接点、媒
体）に関わる他社の関係者さんを増やすことは、例えて言うなら、
コーヒーにミルクを入れるようなことだと思うんです。つまり、担保
したいコーヒーの味を確立させたいけれども、少し別のものになっ
てくる。そもそも知られることが大事ではありますし、広い意味での
大衆との向き合いとなるとチャンネルを増やすことは必要ではある
のですが、その味を守ることは大変な作業になります。でも、チャ
ンネルが BMSG しかなければ、おそらくコアスタッフでやる以上、
何をやっても純然たる BMSG になると思うんですね。起業して間も
ない「THE FIRST」の時は、自分がそのプロジェクトに 100%
注力していたから満足のいくものが出来たけれども、今回は自分
が BE:FIRST を筆頭に様々なことをやりながら「MISSIONx2（ミ
ッション・ミッション）」を進めていく形になるので、チャンネルを増や
すことにより、BMSG としてやりたいこと、やるべきことが薄まったま
ま進んでしまう危険性をすごく感じていたんです。一方で、この 2
年で培った BMSG という組織のカラーがあるがゆえに、オウンド
メディアでやれると思ったし、やりたかった。やりたかったという意
味で言えば、自社のプラットフォームをベースにしたオウンドメデ
ィアとしての発信力の強さを持つことが今後、絶対に必要になって

くる。（アメリカを拠点にアジアのカルチャーシーンを世界に発信するレーベルで
ありメディアでもある）88risingとかを見ていても、その必要性は強く感
じていました。短絡的な成功・失敗以上に、そこは今の段階で1
度トライする必要があるのかなと考えています。

BE:FIRSTの場合は、オーディションから結成・誕生までをほぼリアルタイム
で放送・配信で見せながら、視聴者の感情移入や期待を膨らませてきたこ
とが、デビュー前からのファン獲得にもつながった。一方で今回は、デビュ
ーメンバーを発表してから、彼らの誕生までの道のりを見せていくという、時
系列としては真逆の手法だ。

　自分にとっての基本として、このプロジェクトは「THE FIRST」
やBE:FIRSTと違うことをしないと、まず意味がない。そもそもBE:
FIRSTというグループは、既存の芸能のシステムでは才能が生
かせず、そこにはまれない方々が集まって生まれています。それにも
かかわらず、自分が「THE FIRST」のシステムなりBE:FIRSTの
メンバー構成を1つの「型」としてしまうのは本末転倒で、1番危
険なこと。だから、何から何まで違わなくてはいけなかったんです。

　しかも、「THE FIRST」は僕自身が合宿で参加メンバーと寝
食をともにするという意味でもフルコミットしたプロジェクト。あの時
期は、僕も「THE FIRST」というプロジェクトのことしか考えてい
ませんでした。今回は、（会社の規模や状況も変わり）全く同じことをす
るわけではないのに、その型だけなぞっても劣化版ができるだけと
いうか、失敗するという未来しか見えなかったですね。

　では今回どうするかとなったとき、割と最初からゴール（結果）を
初めに提示したうえでのドキュメンタリー形式がふさわしいという考
えはありました。メンバー決定までの様子もYouTubeで配信して

いく予定です。ぜひ彼らが最初の「迷路」を抜けるまでをご覧ください。恐らく、なぜこの形式がベストだったかはご覧いただければとも思うのですが。プロジェクトの真髄というか1つのクライマックスには、初回から触れられると思います。

BE:FIRSTとは全く異なる意味を

「MAZZEL」は、BMSGとユニバーサル ミュージックが立ち上げた新レーベル「BE-U」のプロジェクトの第1弾グループでもある。配信前の現段階では「見てのお楽しみ」だが、我々視聴者は、ここに何が期待できるのか。

　MAZZELのプロジェクトは、BE:FIRSTとは全てが違う状況から始まるし、全てが違うものでないと意味がないとは当然思っていたのでそうなっていくと思います。自分自身、やっぱりBE:FIRSTの成功体験に引っ張られることをずっと恐れていました。オーディション「THE FIRST」から始まった成功をなぞろうとしてしまうのはとても危険なことです。でも、そうではなく、どちらかというと「THE FIRST」から始まった勢いにはしっかりと乗るという形や、そのロジックを転用する形での成長ということに関して言えば、現段階で本当にいい状況だと思いますし、BE:FIRSTとはまた全く異なった意味と意義と結果を残せるのではないかという実感はすごくあります。

ビジネス系メディアの
取材を通じて感じた自信と確信

#リーダーシップ　#変革　#自信　#確信

「"救世主" が必要なほど日本経済や音楽業界が弱っていることが明白だったことも、結果としてはBMSGの後押しをしてくれた」

2023年がいよいよ始まった。新しい年は、BMSGおよびSKY-HIにとってどんな1年となるのだろうか。1月13日からはBMSGの新しいボーイズグループ「MAZZEL（マーゼル）」の誕生までに迫るオーディションドキュメンタリー番組『MISSIONx2（ミッション・ミッション）』の配信がYouTubeで始まり、今春にはMAZZELがデビュー。所属アーティストの挑戦もますます積極的に進められることだろう。

オーディション「THE FIRST」での参加者の導き方やそこで語られる信念、はたまたそこからデビューしたBE:FIRSTを人気アーティストに育て上げた手腕などでも、今、SKY-HIは世の注目を集めている。最も勢いのあるマネジメント／レーベルBMSGを率いる立場として、特にここ1年はビジネス系メディアから「新しいリーダー」「音楽業界の革命児」として、取材を受けることも増えてきた。これまでのアーティストとしてとは違う角度からの取材を通して、感じたこともいろいろあったという。

　『日経エンタ!』さんの場合は、（「THE FIRST」が始まる）初期す

ぎる段階から見てくれていたので少し違うかもしれませんが、ビジネス系媒体の方々の取材を受けて強く感じた1つは、「新時代のリーダー」「新時代のマネジメント術」を常に探していらっしゃるんだなということです。

　エンタテインメントに限らず、政治や経済、スポーツなどあらゆる分野で、世の中は常に"救世主"を探していますよね。その期待に応えるための作業を考えると、サッカーにたとえるならば、「ゴール前でいいパスをもらえるために走る」ことが、成功のためには必要だと思います。

　でも、ゴールに向かって闇雲に走るだけではディフェンダーもついてきてしまうし、良いパスは飛んでこないじゃないですか。だから、センスや経験を生かしてゴール前に走れる人になる必要もあるし、それができればパスはおのずと回ってきてしまう。

　逆に言えば、自分にパスする人がいなくなったり移籍したりしたら…この場合、環境が変わったりしたら活躍できない選手になってしまうのは大きな問題。だから、自分でゲームを作れて、チームの士気も上げられて、なんなら試合に出なくても概念を浸透させてチームを勝たせられるような人間に、最終的にはなっていく必要があるのかなとすごく感じています。

　世の中が、新時代のリーダーなり救世主なりを探していることと、自分が今こうして動いていることがハモったのかなと少し感じましたし、それはより加速させていかなくてはいけないと思いました。

43

反響から得た「自信」と「確信」

　ビジネス系媒体の取材でもう1つ驚いたのは、音楽業界の「普通」は、本当に世の中に知られていないということでした。

　自分はアーティストという特異で浮世離れした世界に生きる人間ではありますが、一般社会に生きる人間としての感覚で、アーティストやアイドル業界の在り方やビジネスモデルに対しておかしいと感じていたのです。でも、音楽界の方は「そういうもの」とそれを普通に思っているようだし、いわゆる誰かのファンをやっている方々もどうしてそれに違和感を覚えないのだろうかと不思議に思っていたんです。いざ、ビジネス系の媒体の方々に「アーティストやアイドルはこんなビジネスモデルなんです」と20年来の音楽界の常識を話すだけでもやはり驚かれるんです。それに対して問題意識を抱えているという話をするだけで記事が成立してしまい、その週に1番読まれた記事に毎回挙がるくらいの賛同や反響があった。でも、それは起業当初から持っていた部分であって、それが反響を得たことは、自分の社会人意識の成長や自分の強みの認識につながったことでもありました。

　自分がやっていること、やろうとしていることは間違いじゃないという自信や確信にもつながったし、改めて業界の危機感も感じられました。あとは、その"救世主"が必要なほど、日本経済や音楽業界が弱っていることが明白だったことも、結果としてはBMSGの後押しをしてくれたかなと思ってます。今はようやく「経営者」として会社をPRしていかなくてはいけないという課題に足を踏み入れられたかなと思っています。

「新しいリーダー」として神輿に乗る覚悟

「新時代のリーダー」としてメディア側に担がれることに対し、戸惑いなどは感じていなかったのだろうか。そう尋ねると、「その覚悟も、ひょっとしたら最近できたような気がします」との答えが返ってきた。

　自分がBMSG設立時に掲げたビジョンを達成するためには、ただ「アーティストが売れる」というだけではなく、「BMSGが影響力を持つ」ことが必要です。ビジネス系媒体の取材記事の反響が広がるほど、そこにもつながっていくのかなと思います。だから自分は覚悟を持って、担がれた神輿に乗っていく必要があると考えています。神輿に乗れば落ちる危険性もあるし、石を投げられたときも1番目立つところにいるわけで、当然「怖いな」と感じるところもあります。でも、BE:FIRSTを神輿に乗せるわけには絶対にいかないし、それこそ何かあったら、たとえ彼らの責任であっても顔向けできないですから。

　僕は「アーティストを守る」っていう言葉が好きではなく、その言葉に違和感を感じているんです。ただ、僕がアーティストに望んでいる「心身共に健康な成長」のためには、向こう何年かは、自分が精一杯体を張って先頭に立つ覚悟は必要だと強く思ってます。

　今、起業当初に言っていたことが1つずつ顕在化していることに、ものすごくモメンタム（勢い、盛り上がり）を感じているところがあります。例えば、アーティストとして自分らしく活動する際の障壁が表面化したり、BE:FIRSTとINIのようにアーティスト同士のコラボが増えたり、紅白歌合戦やレコード大賞などに出場・出演するラインアップが変わったり。まことしやかにささやかれてきた「枠」が崩れている。僕は今、芸能の世界が明確に変わってきたと認識し

ていて、今後はさらに長年の問題がより表面化していくと思うんです。そこにモメンタムを感じます。モメンタムって、Twitter上で更新されていた『100話で心折れるスタートアップ』を読んでから気に入って使っているんですが、そうした使いたくなる用語を無邪気に楽しめる精神状態にはなりましたね（笑）。

数え切れないほどの「最高の瞬間」

道なき道を猛スピードで進むなか、率いる立場としての孤独は「今は感じる暇がない」と笑った。最後に、BMSGを立ち上げてから最も幸せを感じた瞬間を聞いた。

　わあ、いっぱいあるなあ。今はBE:FIRSTのツアー全公演を通してずっと思っているし、MAZZELのリハーサル中もいつも思うし、（トレーニーの）RUIとTAIKIがディズニーランドへ行った写真を送ってくれたときも幸せだったし。

　あと、21年12月12日、僕の誕生日にスタッフと所属アーティストが一緒になって、すごく手の込んだ "お誕生日おめでとう動画" を送ってくれたときに、ものすごく幸せを感じたのを今でもはっきり覚えてますね。ちょうど21年11月が会社として1番の危機だったんですが、それを乗り越えての時期だったこともあり。

　幸せな瞬間は、挙げるとキリがないかもしれない（笑）。うん、本当にめちゃくちゃいっぱいある！

BE:FIRST紅白歌合戦出場の
意味とAAA時代に感じたこと

#感覚と実態　#勢いの加速　#ビジョンの推進力　#紅白歌合戦　#BEFIRST

「今は、"実態"や"実績"を考えるうえで、数字以外の
ものが必要な時代だと思っている」

BE:FIRSTは2022年12月31日、『第73回NHK紅白歌合戦』に初出場を果たす。設立3年目のBMSGに所属する、デビュー1周年のグループが国民的番組に出場することは、"時代が動いている"ことの象徴と言っても過言でないだろう。自身もAAAのメンバーとして過去7回出場しているSKY-HIだが、紅白に出ることの意義をどう捉えているのか。

　BE:FIRSTにとって紅白歌合戦の出場は、ヒットしている「感覚」に「実態」を伴わせられるまたとない機会だと考えています。AAAの場合は、ヒットしている「感覚」がない状態から出場していて、「自分らがここにいていいのだろうか」という感情もゼロではなかったんです。これといった成績もありませんでしたし。それにもかかわらず「紅白出場」という"権威"による「実態」を得たことで世間の風向きが変わっていく「感覚」は感じました。

　人間って、「これは人気があります」と言われたところへおのずと集まっていく性質があると思うんです。俗に言うバンドワゴン効果ですかね。AAAの時は紅白歌合戦さんに出場させていただだこ

とで、そうしたプラスの効果を感じました。

　一方でBE:FIRSTの場合は、その逆かもしれません。今、ありがたいことに「BE:FIRST、きてるよね」といろいろな方に言っていただくし、単曲のヒットもあるのですが、それはまだ「感覚」なんです。ただ、今は、「実態」や「実績」を考えるうえで数字以外のものが必要な時代だと思っているのですが、「感覚」と「実態」をつなげるものとして、紅白歌合戦さんという圧倒的な権威は、BE:FIRSTにとって良い状況をさらに加速させられるのではないかと捉えています。

いいものを見せれば結果は付いてくる

紅白の選出に先立つ10月15日には、NHKの音楽番組『Venue101』のスピンオフ特番『Venue101 Presents BE:FIRST LIVE SPECIAL』が組まれたが、放送前にはSKY-HIが珍しくファンに盛り上げをあおっていた印象があった。

　確かにあおっていましたし、珍しいことだと思います（笑）。たびたび話すことですが、BMSGの起業当初から音楽業界への危機感を強く発信してきたことで、業界の方や権威側から敵対視される可能性があるという覚悟はしていたんです。でも蓋を開ければそうではなく、ありがたいことに想像以上に応援してくださる人や、好意的な声が多かったんです。その中で確実に『Venue101』さんのチームはBMSG全体を応援してくださっていると感じていました。これだけたくさんのアーティストが活躍するなかで紅白に誰を選ぶかは、結局「誰を出したいか」だと思うんです。だとしたら、もしかすると『Venue101 Presents BE:FIRST LIVE SPECIAL』は何か自分たちにチャンスを与えてくださったのかもしれないと解釈

し、その期待に応えることはすごく大事なことだと感じました。いいものを見せることができれば、おのずと結果は付いてくるのかもしれないな、と。（紅白出場は）2022年頭から狙っていたことなので、もちろん他の話も統合しての自分の肌感覚ではありますが。

　どこの企業の資本も入っていない、一個人として会社を設立して2年、BE:FIRSTがデビューして1年で、"権威"とお仕事できるのもこれまでの芸能にはなかったことです。本当に歴史的なことだと思います。今後のBMSGが掲げるビジョンの推進力でもあり、時代を変えることにもさらにつながっていくのではないかと確信しています。

MAZZELを追うドキュメンタリー、エンタテインしない理由

#新プロジェクト　#Mx2　#MAZZEL

「今回意図したのは、エンタテインしようとしていない
本当のドキュメンタリー番組であること」

SKY-HI率いるBMSGが放つ2つ目の男性ダンス＆ボーカルグループ「MAZZ
EL（マーゼル）」の誕生までを追うオーディションドキュメンタリー番組「MIS
SIONx2（ミッション・ミッション、以下Mx2）」が、BMSG YouTube公式チャ
ンネルで配信中だ。1月の配信ではまずBMSGにトレーニーとして所属してい
たRANと結果的には別の道を選んだREIKO、さらに電撃的に、非公開トレー
ニーだったSEITOとKAIRYUの存在が明かされ、4人の物語が幕を開けた。
まずは「THE FIRST」の3次審査までいたKAIRYUの話から。

　番組でも話していますが、「THE FIRST」に参加してくれていた
KAIRYUが、オーディション後、会社宛てにメールを送ってくれ
ました。スキルの足りなかったダンスにも意欲的に取り組んでいて
基礎練習の動画も送ってくれ、「これはひょっとしたら何かになって
くれる気がする」と感じたんです。当時、2つ目のグループを作り
たくてトレーニーを募集し始めた頃でした。

　「KAIRYUくんもトレーニーとして来てくれたらいいな」と思って
いたものの、「THE FIRST」ではこちらの都合でデビュー候補に

しなかった経緯があるので、あまり厚顔無恥に「来てください」と
お願いはできないじゃないですか。でも、本人が連絡をくれたとい
うこともあり、BE:FIRSTのデビュー前くらいに1度電話して、2つ
目のグループの構想を話しました。「仮にデビューメンバーに選
んだとしても少なくとも半年は先だし、1年くらい待たせるかもしれな
い。それでも一緒にやってくれますか」と。次の瞬間には関西か
ら東京に出てきていましたね（笑）。

　「THE FIRST」時点では、彼はBE:FIRSTには間に合わない
と思ったし、「Mx2」を始めてからもそれは感じました。だから、
「Mx2」はKAIRYUの番組でもあると思います。今は当然、当時
よりさらに大きく成長していますし、歌っても本当にマイクの乗りが
抜群に良いんです。当時の彼を知っている視聴者の方には、興
味深く見ていただけると思います。

そしてもう1人の"隠された"トレーニーがSEITOだ。事務所に所属し、ボー
カルグループのメンバーとして活動していたSEITOは「THE FIRST」への応募
こそかなわなかったが、「Mx2」で満を持しての参加となり、MAZZELとして
のデビューをつかんだ。

　2017年くらいから「自分はまだ何もできていない。自分が会社
を立ち上げてオーディションをするしかない」と感じた、そのきっか
けとなった1人がSEITOでした。SEITOは音楽が好きで、やり
たいことがいろいろあって、ボーイズグループもそのうちの1つだ
ったんです。でも、いざグループのメンバーとなったら、彼が思う
ような活動ができないことが多分にあった。それで相談を受けたり、
悩みを聞いたりしていたんですが、SEITOが抱えていたものはか
つての自分が感じていたことと近く、自分事だと思ったんです。

51

一般的なオーディション番組は選ばれる過程を追い、そのなかで参加者の努力や葛藤などを見せて視聴者の共感を得ていく構成が多く、初回にデビューメンバーが明かされることは異例だ。「Mx2」の場合は、そこから始まり、ドキュメンタリー形式で彼らの足跡を時系列で伝えていく。この構成にした意図は、「THE FIRST」で感じたあることにあった。

"神格化"を避けて描いた"変化"

オーディション番組って、見ているうちに編集などによって最終メンバーが何となく予想できるものが多いですよね。でも、「THE FIRST」ではあるがままの様子を見せたつもりですし、参加者の映り方に差はつけなかったつもりです。とはいえ、こちらは厳正に審査するけれども、少なからず「どうしたら見る人の興味を引けるか」「どうエンタテインするか」の視点も大事にしていました。

今回意図したのは、それすらも抜いた、エンタテインしようとしていない本当のドキュメンタリーであること。「THE FIRST」をやってみて感じたのは、ありのままに見せる方法にも功罪があるということでした。例えば、デビューメンバーに選ばれなかった人の見せ場や、人として素敵な面を映すことで、選ばれなかったことへのざわめきが大きくなってしまう。そのざわめきは番組としては必ずしも悪いだけではありませんが、やっぱり選ぶ側の人間として思うところも少しありました。

1998年のフランスワールドカップで代表メンバーに選ばれなかったキングカズ（三浦知良）を、僕はいまだに神格化しているところがあると思うんです。そうしたキングカズ現象でもありますが、「THE FIRST」の最終審査で選ばれなかったRANとREIKOも、

ある種の神格化をされがちだと感じるんです。それには良し悪しの両面があります。その「ほつれ」は、その人自身をさらに美しく見せるけれども、まだ若い彼らはこれからどんどん人として変わっていく時期です。だから「Mx2」は、あらかじめ残るメンバーが最初に分かっているところから始め、その意識の変遷が伝わるこの形式がいい気がしました。

MAZZELに「自走」を求めた理由

RAN、REIKO、SEITO、KAIRYUの4人への最初のミッションは、擬似グループで課題曲に挑むこと。最初のミッションがこれであることの意図は?

　今回は「THE FIRST」の時とは会社としてのフェーズも違うので、僕が合宿で共同生活するような形は取れない。だから1番大事に考えたのは、彼らが「自走する」環境を整えること。人間の成長の形には大きく2パターンあると思っていて、1つは何かに導かれて成長していくこと、もう1つは自発的に成長していくこと。MAZZELの場合は、後者ができることが必要最低条件でした。

　BE:FIRSTはここまで実績を積み上げてきましたが、まだ彼らを置いてMAZZELに全力投球できるタイミングではありませんし、むしろBE:FIRSTの今後を考えるうえで、23年、24年が大事なポイントだと思っています。だからこそ、MAZZELの「自走」が必要だし、グループで活動することに対して、彼ら全員で考える作業が必要だったんです。

　結果、4人のトレーニーで仮のボーイズグループを作り、課題曲に向き合ってもらおうと考えました。今後10年、20年、一緒に

活動する可能性もあるなかで、恐らく短くない期間一緒にやってい
くと、良いこと悪いこと、いろいろ感じると思うんです。SEITO はグ
ループ活動の経験者ですが、他の3人もこれを経験することで、
グループとして活動することに対して具体的に実感し、自覚できる
ようになると思います。

　もちろん、「Mx2」がオーディション番組として盛り上がれば盛
り上がるほどうれしいです。でもそれ以上に、ここで出来る MAZZ
EL がいいグループになることが大事。番組内でも徐々に出てきま
すが、RAN、REIKO、SEITO、KAIRYU の各々が向き合う作
業が必要になってくるし、仮に MAZZEL というデビューグループ
になれば彼らも後戻りできないわけです。

　僕も RAN と REIKO が一緒に活動するグループであればという
気持ちめちゃくちゃありました。でも、大事なのはそこではなく、グ
ループとして活動した際に、みんなが幸せであること。さらに今後
数十年、一緒に活動するなかでグループとしても個人としても長い
時間掛けて成長していかなくてはならない。その未来のために何
をすべきかを見るのが「Mx2」である気がします。自分自身、今
後彼らがどうなるかはすごく楽しみな部分ですね。

RANとREIKOのために

今後、MAZZEL に入らなかった REIKO の選択も描かれることになる。

　10代後半のときに思い描いていて、いまだに継続してることって
少なくないですか。自分もそうだったけれども、何かちょっとは変わ
っていく。そのなかで、REIKO は本当にどっちのパターンもあると

思っていました。単に歌うことと踊ることをやりたいなら、グループである必要もないわけです。「THE FIRST」の最終話で言ったことが全てですが、REIKOは21年のあの時点で、やっとアーティストとしての自我が出来たタイミングでした。RANもそれに近いと思います。「アーティストとして活動する自分」というものをもっと具体的に想像する必要がありました。擬似グループの結成は、特にRANとREIKOのためにやったのかなと思います。ボーイズグループのメンバーとして活動している自分を具体的に想像するために、擬似的にでもグループを組む必要は、彼らのためにもあったわけですよね。

　それを考えると、（芸能の）スクールってたいしたもんだなと思います。何かしらスクールに通っていた子はすでにグループ活動のイメージが出来ているし、先輩たちの活動を見ているから自分たちの将来像を想像しやすい環境にある。でも、BMSGは歴史が浅いし、RANやREIKOにとってはBE:FIRSTだってあくまでも友達であって先輩ではないんですよね。それはそれでいいことだと思います。

2つ目のボーイズグループ「MAZZEL」を今作る理由

#新プロジェクト　#Mx2　#MAZZEL　#焦り　#迷路の抜け道　#幸せ

「もう本当にめちゃくちゃ焦っていました。物事ってやると動くけど、やらないと動かないじゃないですか。やらないと進まないから」

SKY-HIが率いるBMSGの2つ目のダンス＆ボーカルグループ「MAZZEL（マーゼル）」の誕生を追ったオーディションドキュメンタリー番組「MISSIONx2」（以下、「Mx2」）が配信中だ。

BE:FIRSTが誕生したオーディション「THE FIRST」後にトレーニーとなったRANとREIKOは、オーディション後に様々な活動を行ってきた。RANは21年9月・10月、22年1月に舞台「絶対青春合唱コメディ『SING!!!』で主演を務め、REIKOは21年10月にSKY-HIの『One More Day feat. REIKO』に参加。彼はSKY-HIと共に『スッキリ』にも出演し、その後、SKY-HIのホールツアー『SKY-HI HALL TOUR 2022 -八面六臂-』9公演に帯同した。21年11月・12月には2人そろってファッションブランド・TOMMY HILFIGERのトークイベントへ出演、22年1月には「THE FIRST」の締めくくりとなるライブ「THE FIRST FINAL」にも出演した。「Mx2」の1話はそれらの活動が一段落した4月から始まった。

こうして時系列で考えると、改めてTHE FIRST以降、BE:FIRSTだけでなく2

つ目のグループへの動きも相当なスピード感だったことがうかがえる。MAZ ZELのデビューに関してSKY-HIは「もう本当にめちゃくちゃ焦っていました」と語る。

　繰り返しになりますが、REIKOには元々ソロアーティストなのかグループのメンバーなのか、いろいろな可能性があったので、僕のツアーのオープニングアクトとして帯同するのは絶対にやらせてほしく、スタッフにも無理を言いました。そうした個別の活動を進めながら、そうでない時間はみんなと一緒に練習もしてもらい、4月に「Mx2」が正式に始動しましたね。

　いやあ、もう本当にめちゃくちゃ焦っていました。物事ってやると動くけど、やらないと動かないじゃないですか。やらないと進まない。だからセカンドグループのための子たちも早く集めたかったし。実際はREIKOやAile The Shotaと『スッキリ』に出た21年10月にはセカンドグループの構想を発表したかったんですよ。でも、BE:FIRSTのプレデビューがようやくうまくいき、これからデビューという微妙なタイミング。いろんな方面から反対の声もあって「そうか」と思って止めましたが、そのくらい焦っていました（笑）。ならば、年が明けた1月の「THE FIRST FINAL」で発表しようかなと思ったんですが、その頃にはKAIRYUとSEITOがトレーニーで入ってくれていたので、いろいろ方向性を変えながら…22年も本当に焦っていたんですが、冷静に状況を見つつプログラム終了を見届け、結成していることを含めて11月に発表し、第1話でメンバーを全員を映すという方針を決定しました。

BMSGのような設立3年目で決して規模の大きくない会社が同時にボーイズグループを2つ走らせることは簡単ではないはずだ。それでも、今やることの意味は大きい。

57

自分がやりたいことは既存のシステムそのものを変えることなので、「いろんな形のグループがある」ことは本当に大事なんです。BE:FIRSTとMAZZELのクリエーティブは全く違うものにしたいと全社で前向きに取り組んでいます。まだBE:FIRSTでもやりきれてない、「こんな日本のボーイズグループがかっこいいよね」がいっぱいあります。でも、トンマナ（トーン＆マナー／イメージの統一性・一貫性を保つためのルール）は大事にしたい。今のBE:FIRSTがMAZZELっぽいことをするわけにはいきませんから。

　ただ、現時点では「THE FIRST」に共感・共鳴したり、BE:FIRSTと僕の関わりを見て応募してくれる方が少なくなく、「Mx2」やMAZZELは違ったものになるので、そこに少し難しさがあるなと感じています。「MAZZELっぽさ」が何かは気になるところでしょう。でも、それを言語化すると凝り固まったイメージが生じてしまうので、今後のMAZZELをご覧いただくのが1番だと思います。

　複数グループが活動したほうがいいもう1つの目的が、今後の「BMSG FES」でワクワクし続けられる環境を作ること。昨年のフェスで、Novel Coreと僕の会場への思いだったり、「THE FIRST」からの15人のストーリーはいったん完結しているから、次の章に進まなくてはいけません。かっこいいグループが1つあり、別のかっこいいグループも1つあり、かっこいい複数のグループの人たちが有機的に重なり合っていく…それをすごくやりたいんです。本当はよその事務所も絡めてやっていきたいけれども、自社だけでもそれができる状況を作りたいという感じかな。

「好き＝好き」を実現する
身体性のために

#新プロジェクト　#変革　#DUNK　#身体性　#いい空気感

「身体的・本能的に『好き＝好き』でいられる空間は絶対にもっと広がったほうがいい」

2月にSKY-HIによるダンス＆ボーカルの大型プロジェクト「D.U.N.K.」が始動した。日本テレビで毎週される放送に加え、3月にはアリーナ規模でのライブが3公演、さらには今後各種SNSでの発信も絡めて、立体的に展開する。参加アーティストにはLDHのGENERATIONS、BALLISTIK BOYZ、HYBE JAPANの&TEAM、ソロアーティストのAyumu Imazu、BMSGからSKY-HI、BE:FIRST、Aile The Shota、REIKO、そして大御所のDREAMS COME TRUEなど、ダンス＆ボーカルの「今」を象徴する幅広いメンバーがそろった。プロジェクトの軸にあるのはダンスだ。

　これまでの日本の音楽番組って、パフォーマンスに身体性があまりないなと思っていたんです。そもそも日本のボーイズグループ市場は、本当にすごく特殊であり閉鎖的だと思うんです。何か開けたものをやりたい感じは本当にありますね。韓国では芸能事務所に関わらず共演やコラボレーションの機会も多いじゃないですか。そうした競争がないと、やっぱり市場として伸びていかないので、「D.U.N.K.」でそれを作りたかったのはありますね。

結局中心にあるのはフェス（D.U.N.K Showcase）であり、それを毎年続けていくことが1番大事だと思っています。その前後に番組があり、パフォーマンスに関してはYouTubeなどで切り抜いて見ることができるという構成です。それが話題になる環境が作れれば、プロジェクトも軌道に乗ると思うんですけど。

　「毎週、豪華なスタジオで音楽番組をやる」ことは様々な要因で現在の日本では現実的ではないし、まだ目標としてないんです。それよりはライブを開催して、照明を含めた演出はもちろんのことオンステージカメラも含めて相当なカメラ台数を使ってハイレベルなパフォーマンスを撮影できて放送に載せられれば、こちらでハンドリングできることも増えるし、これ以上の音楽コンテンツはないと思うんです。そういう意味では「D.U.N.K.」の本当の始まりは、ライブ後の3月後半以降です。

　いろんな事務所さんと仕事をするので、日本テレビさんにお願いしました。BMSGが主催してビジネスメリットを持ってしまうと、不公平、不誠実に感じる会社も当然出てくると思います。また、将来的に参加してくださる方を増やしたいので、日テレさんに入っていただくことでその可能性も広がると考えています。企画して矢面に立つのはウチなので心身共に本当に大変ではあるのですが、そこは頑張ろうと思っています。

アーティスト同士の共演やコラボレーションが実現する前に、所属事務所が「D.U.N.K.」を掲げる理念や未来に共感・共鳴することが必須だ。現段階での出演ラインナップを見る限り、そこはひとまずうまく進んでいるように見える。

　今のタイミングだといい空気感が作れるんじゃないかなと思っていましたが、実際にそうなりましたね。ありがたいし、頑張らなくち

ゃという気持ちはありつつ、調整の大変さも正直ありますね。新し
く始めるものに、よその事務所さんを巻き込むわけですから、責任
とプレッシャーと不安が大きいです。でも成功させて次につなげな
くてはいけないので頑張ります。実は海外の人気アーティストさん
も興味を示してくれたんですが、今回は残念ながらビザの関係で
間に合わなさそうなんです。今後もそうした問い合わせが増える
プロジェクトに育てていきたいですね。

データや数字に振り回されない「本能的な好き」

そもそも、2023年のBMSGの社是は「日本を踊らせる」だ。

　みんなが「踊らないから」じゃないですかね（笑）。踊るにはダン
スそのものに加えて「心踊る」も掛けているんですが、一言で説
明すると「日本を本能的に楽しませたい」ですね。

　本来、ダンスミュージックって、踊っている人を見るためではな
くて、リスナーが踊るために存在するもの。音楽に合わせて体を
動かすことへの喜びを人間は本能的に備えているはずなんですよ。
そこにはうまい下手もなく、単に音楽を本能的に楽しむ行為の表れ
がダンスだと思うんです。よく小さい子が音楽に合わせてぴょんぴ
ょこ跳ねるじゃないですか。あの感じを取り戻したいところはありま
すね。

　概して、今はデータや数字でアーティストを評価しがちな世の
中だと思います。ファンがその数字やデータを見て感じるのが充
足感だけならいいですが、実際には逆に無力感で落ち込んだり、
ファン同士で殺伐としている感じが少しあります。特に日本では、

61

これまで極端に他事務所の方とのコラボレーションが少なかったため、ファン同士の競争やアレルギーが生まれてしまいがちで、そうした殺伐とした空気感が文化を殺してきていたと思ってます。

　そうした空気を払拭するためにも、こちらはMVや楽曲で純粋に良いもの、バックボーンや深みのあるものを作り続けますが、ファンの方々には「好き」のロジックを埋めるための理由を探すのではなく、ダンスによる身体性に意識を向けることもおすすめしてみたいです。もちろん応援の仕方や楽しみ方は人それぞれではあるけれど、身体的・本能的に「好き＝好き」でいられる空間は絶対にもっと広がったほうがいいですよね。「D.U.N.K.」では所属を超えたアーティストが仲良く共演し、一緒にパフォーマンスする姿を見せていきますが、それによってシンプルに「好きイコール好き」「好きビコーズ好き」という楽しみ方を提唱したいと考えています。

　ファンの方々の音楽リテラシーを高くするのは簡単なことではないし、僕はその必要は全員にはないと思うんですよ。ファンの人が歌やダンスがうまくなる必要もないし（笑）、専門的な知識がなくてもいい。それらの知見と責任を持ち得たメディアや評論家の正当な批評はその純粋な盛り上がりの先にあると思いますし、その実績の積み重ねでカルチャーが生成されていくと思いますが、日本は本当にまだこれからです。

　YouTubeやSNSで誰でも発信ができる時代になりましたが、実績やそれに伴う責任の生じない、何かを生み出した経験のない個人が我欲混じりの批判を繰り広げていても音楽リテラシーの向上にはつながりませんし、その状態での安易な扇動は芸能やエンタテインメントをすごく後退させることにつながり兼ねない。もちろん誰にでも発信する権利はありますが、芸能に限らず陰謀論や分断

62　　　　　　　　　　　　　　「好き＝好き」を実現する身体性のために

の促進などの社会問題の多くもそういった個人メディアの発信が寄与していますし、問題視すべきだと思っています。音楽リテラシー以前にインターネットリテラシーが必要です。そういったものに流されないためにもやっぱり、まずはスタートとして、そして最終的にも、「好きビコーズ好き」が大事なんです。

BE:FIRSTに課す「大きな夢」の ためのマイルストーン

#BEFIRST　#夢の大切さ

「『目標』は可能なことを実現する可能性を膨らませてく れるけれども、『夢』は不可能を可能にする可能性があ るもの」

2月に19都市27公演を巡る「BE:FIRST 1st One Man Tour "BE:1" 2022-2023」 を終えたBE:FIRST。ホール公演から始まりアリーナで締めたこのツアーで、 BE:FIRSTはさらに大きく成長し、堂々たるステージを見せた。ライブの最後 には「近い未来にドームでのライブができるアーティストになります」という 力強い宣言もあり、今後への期待を大きく膨らませた。「デビューから1年ち ょっとしかたってないとは到底思えなかった」とSKY-HIに話すと、「ですよ ね?」と言いながらも、社長として冷静な一面を覗かせた。

　ご覧いただいたようなライブを1年目から最低限できないといけ ない、っていうのは、数ある目標のなかでも絶対にやらなくてはな らないことでした。自分が目指していること、彼らが目指している ことはもっと先にあるので、これはあくまでもマイルストーンの1つです。

　1つ夢があってそれをかなえるには、夢が大きければ大きいほど 必要なMP（マジックポイント＝RPGゲームなどで特殊能力を使うための魔力 などを表す数値）も大きいので、必要な努力や能力も大きくなってくる。

そういう意味で、BE:FIRSTには要求も高かったし、お願いすることも多かったと思います。実際に代々木のライブを見て、僕も超最高だと思ったし、とても感動しました。でも、まだまだやらなくてはいけないこともいっぱいある。手放しで「最高だ！」という気持ちと、実はそこまで浮かれてない気持ちの両方ですね。

　とはいえ、1年目でこのステージが見せられるアーティストはなかなかいなかったと思いますし、「THE FIRST」に次いで、自分や自分たちがやっていることや見ているものが間違ってないことを、また証明してもらった感じがします。

BMSG設立以降、例えばオーディション「THE FIRST」の成功、自社興行フェス「BMSG FES」の実現、BE:FIRSTのNHK紅白歌合戦出場など、大小の目標を数多く実現してきた。それら全ては「世界へ行く」「カルチャーを作る」といった大きな夢のための1歩であり、夢に向かって緻密な目標を立てているように見えるが、どう戦略を立てているのか。

「夢」を推奨する理由

　大事なことだけ明確にして、それ以外はふわっとさせることじゃないですかね。大事なことって実はそんなに多くないんですよ。例えば2022年のBE:FIRSTだったら、大事な目標のなかで分かりやすいものは「年末の紅白歌合戦に出演する」だったから、年の初めのほうでどうしてもヒット曲を作りたかったんです。幸い『Bye-Good-Bye』が総再生回数1億回を突破する大ヒットとなりましたが、そうならなかったら（1stアルバム『BE:1』収録曲の）『Message』をシングルにするつもりでした。『Bye-Good-Bye』で手応えがあったから『Scream』をアルバムのリード曲にできたんです。そうし

65

た目標に向けての変更はありますが、そのために作る曲を変えるようなことはない…とか、思い返すといろいろありますね。

　なぜ紅白歌合戦が目標だったかというと、結局我々が最初から掲げている「世界」への大事なマイルストーンだからです。現段階で言えないことは多いのですが、全部はその夢を実現するためですね。1年目でホールツアーを回ること、紅白に出ること、ダンス＆ボーカルのプロジェクト「D.U.N.K.」を始めること、全部そのために必要なことなんです。

　少なくともBE:FIRSTがドームに立つところは、僕自身も人生でやったことがあるから想像はできますね。それ以降の世界に対しては、日本国内のダンス＆ボーカルにも前例はないのですが、ただ、BTSが世界で人気になる様子やこれまでのK-POPの道のりだったり、国内でうまくいっているプロジェクトとうまくいってないプロジェクトだったり、それらを時に中、時に外、時に横目で見ていた知見で想像できないことはないんですよね。そういう意味では、夢の具体化がすごくしやすく、設定する目標とそのために何をやらなくちゃいけないかを考えるのは難しいことではないです。

SKY-HIは「夢のようなものを持つことを割と推奨している」と言う。それにはどんな理由があるのか。

　結局、いかに想像できる夢を描いたところで、それをかなえるには能力と努力が本当に必要になるし、本気でやらないといけなくなる。ただ、そこで本気でやると、思い描いていた夢よりも素晴らしい現実に出合えることが多々あるんです。本気で取り組むための担保やガソリンとして、夢って非常にいいワードだなと感じています。

「目標」と「夢」の根本的な違い

　かつて、（元野球選手の）松坂大輔の「僕は『夢』は見ない。あるのは常に『目標』」みたいな言葉が広がって、「夢」ではなく「目標」と言うほうが正しいという風潮がありました。僕自身も長いことそう思っていたんです。けれども、BMSGに入る前のNovel Coreに話したこと、「THE FIRST」が始まる前に周りに言ったことなんかは本当に現実離れしていたと思うし、今考えると「目標」と呼ぶにはあまりにも運の要素があった。「目標」は可能なことを実現する可能性を膨らませてくれるけれども、「夢」は不可能を可能にする可能性があるものだなって思うんです。あと、夢ってなんとなくキラキラとした響きがありますが、本当にその通りで、夢に向かう道中が本当にきらめくんです。だから、生き方として「夢」を持つことを推奨したいです。

　インターネットの台頭以降、人間ができることもすごく増えたし、現実はすごく具体的になったと思うんです。だからこそ、なのかな。現実を半歩踏み出したところにある世界が、今はすごく力を増していると思います。

夢の途上にある今、SKY-HIの日々が「想像するよりはるかにキラキラした出来事」に彩られていることは、想像に難くない。

　例えば、今から振り返ると、「THE FIRST」を始める前に、「これは『ROOKIES』だから」とか「脚本は絶対に作らない。シナリオを作るよりも、夢を持った若者たちが一堂に会したら、そのまま撮ったほうが絶対にドラマチックになる」って言っていたことに通ずるのかもしれませんね。自分はいろんな作り物を見て強く思ってきたんですが、現実のほうが素晴らしいし、現実のほうが残酷。

67

だから、その現実をしっかり撮ることのほうが大事だったんです。実際に素晴らしい現実が「THE FIRST」では起き、現実を夢が超えてきたわけです。

そう考えると、「夢」そのものを具体的にしたところで、それ以上の良いことがきっとたくさん起こるんだろうなと思います。妄想みたいに聞こえるかもしれないけれど、実際にそれが現実になったときは、何か形容しがたい出来事がいっぱい起こるんです。それに、夢と呼ばれる大きくてキラキラしたものには、当然関わる人がたくさんいますよね。その1人ひとりにも、それまでのそれぞれの人生とかがあるから、関わることで掛け算になる。目標は本当にしっかり具体的に持つ必要があるけれど、夢っていう言葉は何か抽象的なところを持つから、それぞれがそれぞれの考え方で解釈できるところに、掛け算の魔力が隠されているような気がします。

自分本来の「夢」の探し方は?

普段、目標設定や目の前の課題解決に追われるビジネスパーソンのなかには、「夢」という言葉そのものと疎遠になっている人も多いのではないだろうか。

夢を持つといいことはたくさんあるんですが、本当の意味で自分のために夢を見ることは意外に難しいのかもしれません。例えば、アーティストが「夢は全国ツアー」「夢はビルボード1位」と言っても、それは本当にその人の夢なのか、テンプレート化された夢なのかっていうのを見極める必要があると思うんです。残念なことに、世界中にあふれる「夢」は後者で、なんとなく目指すものになっている気もします。それで言うと、スタートアップ企業の存在意

義は、社会が抱えている課題を新しい組織によって実現可能なものにすることだと思うんですけど、それが「夢」だと思うんですよ。

　本当に自分の人生と向き合っている人ならば、絶対に1つや2つ「何でこうじゃないのかな」という疑問が生まれると思うんです。その「何で」を考え続けると腹落ちする瞬間が来ると思うんですよね。能力と思いが比例した瞬間なのかもしれませんが。「こういうことができれば、良くなるんじゃない?」と思えたときに初めて自分のための夢が見られる気がしますね。

その腹落ちの瞬間は、夢に近づいたときに得られる感覚なのかも、とも言う。

　夢って山の頂上みたいなものかもしれませんね。きちんと山登りの準備をして登り続けている人にしか、具体的に山の頂上が見えることはないと思うので。頂上が見えなくても、いろんなものを登り降りしてるうちにどこかにたどり着いて、「あ、この山だ!」っていう山に出合う。それまでを試されるようでもあるけれども、それまでの人生がすごくストイックだったり有意義でなくても、何らかの不満を抱えているならば、それを追求した先に、その人にとっての夢みたいなものがあると思うんですよね。

　だいたい不満とか不安とかにさいなまれることが世の常だと思うんです。でも、そこに対して苛立ちで向き合っても基本的には解決しないので、せいぜい折り合いをつけるくらいじゃないですか。自分も当然、何かしら折り合いをつけざるを得ない生き方をしていたこともあります。でもそのなかで、本当の意味で本気で腐らないで考えられると、割といろいろ浮かんでくるのかなと思います。

　あと、腐らないで向き合えると、その環境だからこそ学べることっ

ていうのもありますよね。腐らないみたいな生き方はすごくお勧めするし、結局そのあたりも含めて、きらめいた「夢」っていう考え方はすごくいいので。その人が本気で見られた夢ならば、それが他の人にとってありえない夢であろうとも、絶対に間違いないと思います。

BMSGを支えるB-Town、
その重要性とリニューアルの狙い

#ファンコミュニティ　#オンラインサロン　#コミュニケーション　#発信の方法
#B-TOWN

「本来、コミュニケーションって前提条件や相手の状況
によって全く違うアプローチをしないといけないと思う」

BMSG設立から間もない2020年10月10日に始まったファンコミュニティ「B-Town」。月額5000円の「Architect」と月額500円の「Resident」の2つのコースがあり、「Architect」ではBMSGの経営や今後の展開など、まだ世に発表されていない貴重な話が聞けるとともに、SKY-HIの手記やアーティストのインスタライブ、スタッフの話など、ここだけのコンテンツが発信されている。まだ歴史の浅いBMSGが、応援してくれるファンと共に歩んでいくような意味合いも強い。

その「B-Town」が、23年3月、新たにオンラインサロンとして仕切り直しを行った。テコ入れに着手したのはなぜなのか。まずは、改めて当初「B-Town」の運営を決めた理由から聞いた。

　「B-Town」を立ち上げた理由はたくさんあるのですが、1つの大きな理由は、自分が伝えたいことを発信する場が必要だったからです。

　20年の段階で、僕はSNSでの情報の拡散のされ方に対して、

諦めている状態でした。捻じ曲がった解釈がそのまま広がり、つまりは発信者と受信者の間で正しくコミュニケーションが行われるとは限らない。見る人が多ければそれは当然起こりうるのですが、そうしたSNSでのコミュニケーションを諦めざるを得ない気持ちになっていたんです。

そもそも誰もが目にすることができるSNSでは、ユーザーの性別・年齢・その人がいる環境などがまるで違う。例えば、アメリカから来日して間もない人にたこ焼きの話をするときには、たこ焼きはどんな食べ物かも伝える必要があるけれども、日本人にたこ焼きの話をする際にはその説明はいらないじゃないですか。本来、コミュニケーションってそうした前提条件や相手の状況によって全く違うアプローチをしないといけないと思うんです。それをオープンなSNSですることに限界を感じました。

でも、芸能全体の変革のためにBMSGを立ち上げた自分には、「何をやるのか」「何を問題だと思っているのか」「そのためにどうするのか」を発信し続けていく場所も必要でした。独立・起業した人間がどんなことをしているのかを発信するのも社会にとって大事だと思いましたし、数年後には、今やっていることの答え合わせもできるでしょう。そして視点を変えると、ゲームでもアニメでもマンガでもなく、1人の人間の人生をかけた、失敗するか成功するかも分からない現実をリアルタイムで見られる場なんてそうそうありません。

なので、発信すべきだという考えのもとに受信先の前提条件だったのが、「BMSGを応援してくれる人」となったわけです。しかもそのために大きなお金を払ってくれる方となると、冷やかしでは入りにくい。その場所で共通言語の持てるファンや応援者との密なコミュニケーションができたらと考えました。

月額5000円は高いと感じる価格設定かもしれません。しかし外部には非公開の情報も多く、「B-Town」で発信していることを隅々まで読み解けば、僕らがやろうとしていることを先に誰かにされてしまう可能性もあるような内容です。本当は「ちょっとBMSGに興味がある」という方にも気軽に入っていただきたい気持ちもあるのですが、そうした情報流出の危険性も考えて、ハードルを上げているところがあります。

「コミュニティとしての機能」を見直す時期に

誕生から約2年半、「B-Town」が「ファンコミュニティ」から「オンラインサロン」へと定義のし直しをしたことには2つの理由があった。1つ目は改めて機能と役割を明確化すべきだったことだ。

　「ファンコミュニティ」という抽象的な言葉を使うことには、良さと悪さがあると思っていたんです。

　良さで言えば、バッファが利く。立ち上げたばかりの会社だから、初期はコンテンツの種類もあまりなかった。当時はまだ僕にもNovel Coreにもそれぞれのファンクラブがありませんでした。当然いつファンクラブを作るかも議論し続けていたのですが、それまでは「ファンコミュニティ」があれば様々なことができると考えました。ファンクラブでもない、オンラインサロンでもない。その間を取って「ファンコミュニティ」としたんです。

　ただ、アーティストの数が増え、応援してくださる方が増えていくと、「ファンコミュニティ」としての機能は難しくなりました。言葉が曖昧なゆえに、会員の方がB-Townに期待するものや要望・

要求にもバッファが利いてしまう。つまり運営側と会員側にイメージのズレが生じるようになってしまう。マイナーチェンジは続けてきたのですが、今回、CAMPFIREさん内での運営から、完全自社運営に切り替えるタイミングで、リニューアルを図りました。

21年からファンクラブ、ECなど、地道に1つひとつ自社運営の体制を整えてきたのですが、昨年12月にほぼ形がまとまったので、ようやくB-Townにも着手できたというところです。

2つ目の理由は、BMSGの成功によって「オンラインサロン」という言葉を使っても遜色ないフェーズに来たと判断したことだ。

「オンラインサロン」って何らかの成功をし、自分の知見や経験を第三者に対して伝えるフェーズの人がやるもの、というイメージがありました。だから創業当初は「オンラインサロン」を名乗ることには抵抗があったんです。自分に何か学びのある提供ができるだろうか、と。

でも、今の段階では考え方次第ですが、確実に実績として芸能事務所、スタートアップ企業の両面から体面として「成功してます」と言える、および言わなくてはいけないフェーズに来ていると思いますし、その成功が瞬間的なものでもないと自負しています。今も外の人に「すごいですね」と言われると、「いや、まだまだこれからですよ」と言うことはあるし、それは事実なんだけれども、その自信はあるので、あまり不必要な謙遜を言わないように気をつけているところです。

現在、「Architect」コースの会員数は1万人近く。かつてSKY-HIが「THE FIRST」を始める際に"自腹1億円を投じた"ことが話題になったが、今で

は1万人近くが月額5000円を出している状況だ。財務面でも社会的信用につながっているのでは？と下世話な質問をしてみたが、それ以上にB-Townの手応えを23年2月に本格始動したダンス＆ボーカルの大型プロジェクト「D.U.N.K.-DANCE UNIVERSE NEVER KILLED-」に感じたという。

発信してきて良かったという実感

　ありがたいですよね。立ち上げからしばらくは税理士さんにも破産する可能性を言われ、僕も「実家で暮らすことになるかもな」と考えましたし。

　特に「B-Town」が始まって、まだ「THE FIRST」の盛り上がりもなかった頃に400〜500人の方がいてくださったことには感謝していますし、無条件でこんなに応援してくれるなら、と僕の力になりましたし、1期目での身売りや倒産も防げました。

　そして今、BMSGの自社ビル計画を考え始めているのですが、こればかりは銀行からお金を借りないと進まない。ようやくBMSGに対して銀行がお金を貸してくれるようになった1つの基盤もまた「B-Town」のおかげだと思っています。

　もう1つ、（3月5・11・12日開催の）「D.U.N.K. Showcase」で、ようやく「B-Town」で話していたことの答え合わせができたと感じたんです。「こうあるべき」をずっと話し続けて、年月がたってようやく浸透していくものがあるなと。事務所やジャンル、カテゴライズの垣根を取っ払い、純粋に音楽を楽しむ場を作りたかったのが「D.U.N.K.」の意義の1つなんですが、「D.U.N.K. Showcase」は、どのアーティストが出演しているときも会場の空気感が素晴ら

しかったんです。

　複数のアーティストが出る通常のイベントって、推しを見に来たり、推しに見てもらったりが目的になるケースもあると思うんです。それがすなわち悪いというわけではないのですが、もっと音楽を純粋に楽しんでもらうためにはどうしたらいいかをずっと考え続けていたわけです。そして発信し続けていた「こうあるべき」が浸透した結果が、あの場の空気の良さにつながった。「B-Town」のおかげと言っても過言ではないと思います。

　対外的には「BMSG FES」の成功も大きかったかもしれません。「BMSG FES」以降で同業他社からのBMSGの見られ方も大きく変わったし、自分たちの立ち位置も明確になって、いろいろなことがやりやすくなったんです。おそらく「最近、BE:FIRSTって人気だね」を超えて、「BMSGと一緒に仕事をしてみたい」が増えたのも「BMSG FES」からで、異業種の方々とも本当に仕事をしやすくなりましたね。

　その会社としての核でもある「BMSG FES」を下支えしているのも、「BMSGとは何ぞや」を理解し、応援してくれている「B-Town」なのかなと思います。

SKY-HIが語るMAZZEL 新たな
オーディションで目指したもの

#MAZZEL　#いい空気感　#バズ　#守りと攻め　#プロとしての自覚

「"buzz" と "bomb" って隣り合わせな気がする。大きなbuzzを起こすことよりも、「守る」ことを意識した」

2023年5月17日、BE:FIRSTに次ぐBMSG 2つ目のグループとしてMAZZEL（マーゼル）がデビューを果たした。3月のデビュー記者会見から1カ月弱、この間に数回SKY-HIと顔を合わせる機会があった。相変わらず多忙を極め、様々なことに精力的に挑んでいるようだが、ことMAZZELの話になるとひと際表情が明るくなり、実に楽しそうな笑顔を見せるように感じた。テレビ出演でのパフォーマンスや彼らの現場での様子を話しながら、「楽しい」「素晴らしい」と、会うたびに変わる彼らの成長への喜びを口にする。

　昨日もMAZZELの現場に行ってきたんですが、今、本当にMAZZELはメンバー間の空気がすごく良いんです。「THE FIRST」の頃とは会社の状況が全然違うなと感じたのは、ユニバーサルさんを含めて最初からみんなすごく前のめりでやってくださる関係値が作れた状況でプロジェクトをスタートできていること。だから現場の空気がとてもいいですし、MAZZELがパフォーマンスする前には「行ってらっしゃい！」と拍手で送り出してくれるような温かな雰囲気があり、アーティストが楽しくパフォーマンスする状況が作れています。MAZZELには、「今、本当に素晴らしいし、あ

りがとう」を何度でも言いたい。何度でも言って、みんなにも「こ
の方向だ」という確信をより一層つかんでもらいたいなと思ってます。

避けた「buzz」と「bomb」

MAZZEL が誕生した「MISSIONx2」（以下、「Mx2」）のプロジェクトは、2022
年春に始動した。前回のオーディション「THE FIRST」は、テレビ地上波の
『スッキリ』などとタッグを組んだが、今回は YouTube での BMSG 公式チャン
ネルでの番組配信のみに舵を切った。しかも初回には MAZZEL として選ばれ
たメンバーが分かるという、サバイバル型のオーディション番組としては異例
の構成。「Mx2」を終えた今、まずはこのチャレンジから振り返ってもらった。

　メリットもデメリットも、本当に「想定通りだった」という印象で
す。デメリットとしては、多くの人にリーチしにくいこと、そしてデ
ビューメンバーを初回から出したことで、ハラハラする緊張感のよう
な方向でテンションを集めるものではなかった点です。

　ただ BMSG という会社としての時期もあり、割と「守り」の要
素を強めたコンテンツでもありました。「Mx2」がプロジェクトとし
てスタートしたのは、BE:FIRST がデビューして半年くらいの頃。
会社としては BE:FIRST を軸に、足場を固めなくてはいけない時期
でもありました。BE:FIRST は『Bye-Good-Bye』くらいから成績
面の安心感も見え始め、この後ハードなカッコいい曲をリリースし、
アルバム『BE:1』、「BMSG FES'22」、初のホールツアー、そし
て目標としている『NHK 紅白歌合戦』へと、高い確度で成長曲
線が見えていました。

　様々なことを考え、事故や悪い影響がプロジェクトおよび参加

者に起こらないことが我々にとって割と大事なことでした。「buzz」と「bomb」って隣り合わせな気がするんですよね。BE:FIRSTも、MAZZELとして世の中に出ていく彼らも、応援してくれている人も、楽しく前向きに進んでいる状態は担保できていたので、さらに大きなbuzzを起こすことよりも、彼らにダメージを与えない「守る」方向への意識が強かったですね。特にオーディションコンテンツは、サバイバル型にすると、「成功している＝（視聴者側が）荒れている」状況になりやすい。それを避ける方向を選びたかった「THE FIRST」ですら、望まない荒れ方が少なからずあったこともあります。

　もっとも会社全体が「守る」方向に意識をシフトしていたわけではなく、「D.U.N.K.」のような攻めのプロジェクトもどんどん動かしているわけですが（笑）。

　22年11月22日にYouTubeで配信したBMSG記者会見でも10万人規模の同時視聴がありました。BMSGから出る2つ目のグループということで、世間からの注目度だったり、ある程度の数字だったりが担保された状態だったことにより、「守り」の方向を強められた背景もあります。

　さらに加えるならば、「Mx2」はMAZZELが世の中に出た後に彼らのプロモーションとなるものがネットに残り続けていることがいいかなという意識もありました。3年後とかに向けても、MAZZELにとってポジティブなものであり続けられる可能性が高いコンテンツになるという気がしています。

「THE FIRST」を経験したRANへの思い

当初の参加者は「THE FIRST」後にBMSGにトレーニーとして所属したRANとREIKO（合宿前にオーディションから離脱）、そして21年冬に合流したKAIRYUとSEITO。プロジェクトがスタートした22年3月からトレーニングを積んできた彼らのもとに、トレーニー募集のオーディションを経て候補生が合流し、本格的なBMSG2番目のグループの選抜が始まった。フェーズの違うオーディション参加者が集まったなか、SKY-HI自身の最初のミッションの1つは、そのセンシティブな環境をセンシティブなものとして捉え、対応することだった。

　「Mx2」の合宿参加者全員がRANのことを知っている状況は、やっぱり普通のコミュニケーションではないし、気後れしないことも含めてRANにとっては絶対に不安のある状態だったと思います。そこは自分も当然すごく申し訳ない気持ちがありました。それでも合宿初期には、RAN自身が引っ張っていく人間になる必要もあるわけで、それは本当に大変に違いないことでした。

　ずっとトレーニーだった参加者のほうがアドバンテージが高いことは当然です。音楽を仕事にすることについて考える時間もあるし、それに向かって取り組める環境。特にRANは「THE FIRST FINAL」「BMSG FES」で万単位の観客の前でパフォーマンスする機会もあったので、将来の姿を具体的にイメージできる唯一の参加者。具体的に想像できると実現しやすいので、それもアドバンテージです。

　RANに限らずではありますが、自分の成長に意識が向けば、周りの方々の様子が気にならなくなる。RANにはシンプルに「いいアーティストになりたい」「素敵な人間になりたい」ということに意識を向けてくれたらいいなとずっと思っていました。けれど、それ

がそんなに簡単なことじゃないとは知っていましたし、結果的にそうなってくれて本当に本当に良かったなと思います。

「Mx2」で組み込んだメディアリテラシーなどの座学のプログラムも、「THE FIRST」にはなかった特徴だ。

　「THE FIRST」の頃からアイデアとして出ていたんですが、当時はそこまで手が回る状態ではなかったこともありました。が、今回はBMSGや自分に対し、BE:FIRSTや「THE FIRST」で成功させた説得力があったことも実現を後押ししたんじゃないでしょうか。

　2つのオーディションでの参加者の違いもありました。「THE FIRST」の頃は、本当にいい意味で、デビューが目標の人って最後のほうにはおらず、デビュー後にどのくらい成長できるかっていう方向に意識が向いていたし、向けていました。けれども、「THE FIRST」後は、「BE:FIRSTかっこいいな」「BMSGでデビューしたいな」というふうに、デビューがゴールになってしまう方々が増える可能性も少なくないとは思っていました。だからこそ、数年掛けて育っていく"プロのアーティストとしての自覚"みたいなものを早く備える必要があったこともあります。

3月30日のデビュー記者会見ではオーディションを振り返り、「人間性の成長」を語ったメンバーが多かったのも印象的だった。様々な経験を通して自身が感じたことだと思うが、トレーニングの際には「人間性の成長」にも重点を置いていたのか。ただ、SKY-HI自身は、世間から彼らの「人間性の成長」を評価してもらえるようになるのは、まだ先の話と語る。

人間性をジャッジするのは時期尚早

　人間性やメンタリティーをどう伸ばしていくのかは、僕自身も知りたいんですよね（笑）。ただ、社長としての責任を強く感じている部分でもあります。

　当初はあまり意識してなかったんですが、「THE FIRST」のポジティブ要素として、パフォーマンスの前と後で参加者に対して丁寧に伝えることを心掛けていたら、みんなに丁寧に話そうという文化が出来上がっていくところがありました。

　「MISSIONx2」の場合は、自分が彼らと関わる時間が長くはなかったぶん、直接会うときには精神的安全性を担保することが大きな役割の1つだと考えました。大多数が学生くらいの年齢なので、安心してもらえる大人と接することが大切かなと。

　ただ教育のようなものに関しては、本人が能動的に取り組んでいかないと意味がないところは本当にあると思っています。やらされる教育に対して前向きに取り組めることってあまりないと思うんです。例えば大人になってからは無理して休日を作ってでも行きたいような素敵なお寺を修学旅行で回っても、学生の頃は「だるいなあ」みたいな感じになるじゃないですか（笑）。そう考えると、自分自身がお話したときにみんなのテンションが上がるような人間であれば、会ってない時間もある程度前向きにプログラムに取り組んでくれるかなという気持ちはありましたが、それくらいで「人間性を育てた」とは言えないと思っています。

　また、「人間性が成長した」とジャッジするのは、BE:FIRSTも含めてまだ時期尚早。簡単にジャッジされていいものではないと感

じますし、彼らは年齢もまだ若い。すごく高いレベルで社会性を含んだ発言や行動ができる素晴らしい人間であるっていうところが評価される人になるのは、まだ先の話かなって思っています。

　もちろん、将来的に素晴らしい方になってくれる人、素晴らしい自分であろうとすることに能動的でいれる人かみたいなところは素質もあると思うので、審査段階では無意識的に意識してることではあります。彼らの今の人間性が素晴らしいのは大前提ではありますが、世間的に評価されるような高い人間性を持つのは、先の話なんじゃないかな。彼らはそうした成長を見込める素質があるし、そうした方向にも成長してほしい。それが現段階では言えることです。

メンバーの人数は、最終審査を通して8人にしようと決めたという。グループの場合、単純にフォーメーションを作りやすい奇数がメンバー数になることが多いが、そこにはMAZZELの1人ひとりが持つ強い個性をナチュラルに生かせば、唯一無二のグループができる将来像も見えている。

　偶数にしたのは、すごくポジティブな理由からです。数年後の姿を想像しながら1人ひとりのパフォーマンスを見るのですが、"誰かがいることで輝く誰か"が本当に多かった。それはとても素敵なことだし、無視したくなかったんです。

　よくあるグループの紹介で、「メンバーの個性がバラバラ」っていう言葉を使いますよね。もちろんMAZZELの場合もそうなんですが、その個性の共存具合が恐らく独特な感じにできる気がしています。一般的に言われるレベルより「バラバラ」の度数が高く、それが無理せずともそうなれるチームです。それこそBMSGの理念のままですが、彼らがやりたいようにやれば、ものすごく計算して作られたかのようなバラバラが自然とできる気はするので、それは

すごく将来的にも強みになるんじゃないかと思いますね。

気になる「BMSG」の仕掛けは…

プレデビュー曲『MISSION』のパフォーマンスでも、メンバーそれぞれの強い個性とそれが自然と1つのチームになった、得体の知れない爆発力を秘めた存在であることがうかがえた。そしてデビュー曲『Vivid』では、『MISSION』とはガラリと変わったことにも驚かされた。あと気になったのは、BE:FIRSTの楽曲にBMSGの4文字が使われていたような仕掛けの有無だ。

『MISSION』は、オーディションに向かう方を応援したいという気持ちがありました。当然、MAZZELに向けての応援歌でもあるし、歌詞の作り方的には聴く側と歌う側で景色が変わるものにはしたかったし、そうできたと思います。例えば、RANが「待ち侘びた時が来た」と歌い始めるときの感動が大きいし、最後はその歌詞をKAIRYUが歌います。「待つ」という作業は本当につらいことだと思うんです。その待たせている主体は自分でもあるし、この1年以上、すごく祈りに近い気持ちがずっとあり、その祈りが込められてる部分だったりはします。

一方『Vivid』は、デビュー曲っぽいと言ってしまえばそうなんですが、BE:FIRSTの『Shining One』からの『Gifted.』と同様に、『MISSION』とは雰囲気を変えることを大事にしました。

MAZZELの楽曲の頭文字に「BMSG」の4文字が付いてないのを不思議がらないでください（笑）。そもそもBE:FIRSTでそれを意識したのは、彼らのアルバム『BE:1』のコンセプトだったからです。BMSGの1つひとつの文字に込められた意味を体現する

のがBE:FIRST、そしてBESTYを含めた1人ひとりそれぞれが最高な存在であるということを彼らが証明（＝PROOF）してみせた。そこでそのコンセプトはまずは完了しています。

　MAZZELの場合、そうしたものが「ない」というのも時期尚早かもしれないです（笑）。あるかもしれない。彼らのアルバムができたときにどうなっているか次第な気がしています。

"BMSGに共鳴する仲間"を巻き込むパーティー開催

#G&G　#関係性構築　#仲間づくり

「正しく夢を見て、それに向かって正しく努力して、正しく仲間を増やして、正しくそれを成していくっていうことを、ビジネス的にも人生的にも推奨したい」

4月上旬、BMSGは関係者を招いたパーティー「Greeting & Gathering」（以下、「G&G」）を開催した。3期目半ばに差し掛かったタイミングで、関係各社に感謝とあいさつを伝えることを目的としたものだった。こうしたパーティーの開催自体は珍しいものではないが、「G&G」の場合は会場の演出からBMSGのアーティストやスタッフのホスピタリティーまで、全てにおいてBMSGのカラーに彩られていた。ベースはビジネスの関係でありながら、何よりも「すごく楽しい」ムードにあふれた空間だった。SKY-HIは、なぜこのパーティーを開催したのか。そして、なぜ「すごく楽しい」空間が可能だったのか。

　BMSGの設立から2年半がたち、おかげさまでBE:FIRSTや自分たちソロアーティストを応援してくれる方々やBMSGに共鳴してくれる方々が、音楽やメディア関係に限らず、各所にいてくださる状況になりました。特に昨年9月の「BMSG FES」を成功させてからはその状況がより広がったと感じます。シンプルに「応援」してくださるだけでもありがたいのですが、恐らく今後はさらに皆さんを「仲間」として巻き込んで進んでいく必要があると考えています。

音楽業界や芸能界だけではないと思いますが、1990年代や2000年代にあった「わくわく」の勢いは今、どんどん減速しています。そのなかで、BE:FIRSTやMAZZEL、ソロアーティストたちを勢いに乗せていくためには、業界の方々に「今、BMSGって勢いがあるね」と感じていただく必要が絶対にあると思ったんです。

　新型コロナウイルス禍が続くなか、各社がこうした外部の方を招くようなパーティーを自粛していたため、「今がチャンスだ！」と。やっぱり景気が悪いよりいいほうが皆さんもお好きでしょうし、BMSGとしてそのムードを表に出していこうという思いがありました。

能動的に楽しんでくれたアーティストたち

エントランスではSKY-HI自身がゲストを出迎え、会場内ではスタッフのみならずアーティストも関係者へのあいさつや歓談を行っていた。パーティー半ばのShowcaseでは、社長であるSKY-HIを筆頭に、まだトレーニーのREIKOまでがステージでのミニライブなども披露した。SKY-HI自身が社長でありアーティストでもあるゆえか、アーティストもBMSGの一員としてホスト意識があること、さらにビジネス関係者が集まるShowcaseでもものおじしないステージを見せたことも、BMSGならではの空気感をつくっていた。

　そのあたりは、いい意味で完全に社風ですね。社長が自分（アーティストのSKY-HI）であることのメリットとデメリットがあると思うんですが、こうした場が怖くないっていうのは大きなメリットだと思います。さらにBMSGの良さだと感じたのが、アーティストたちもすごく能動的に楽しんでくれていたことです。

　アーティストとして考えると、関係者が集う場でのライブって、ど

うしてもお客様へのあいさつ、言ってしまえば接待的な要素が強い
こともあると思うんです。自分もそうした場をたくさん見てきたし、そ
うしたステージに立ったことだってたくさんある。だからBMSGの
アーティストたちのステージをどきどきしながら見ていたんですが、こ
ういったパーティーで見たことないくらいみんな楽しそうで、会場も
めちゃくちゃ盛り上がりました。

　なんでしょう。全員が「楽しいものをつくろう」っていう空気が
強いんでしょうね。「今日は大事な日だからしっかりね！」みたい
なことは言いたくなかったし、言わなかったんですが、本当に全員
がいいステージを見せてくれました。

　最初にステージに上がったのはコア（Novel Core）だったんです
が、本当に素晴らしくて。ラッパーに必要な行動として「空気を
読むこと」と「あえて空気を読まないこと」があるんですが、それ
をあの場で見事に両立していた。コアにそのことを伝えたら「今日
BMSGがこういうパーティーを開いて、（Showcaseの）1発目が俺っ
てことは、こういうライブを見せるのが俺だ、と思いまして、へへへ
（笑）」って。本当に聡明だし、かっこいいし、感謝しかないです
ね。REIKOも見事にやりきってくれました。関係者向けパーティ
ーでのライブって決してやりやすくないんです。ましてや、まだデビ
ュー前の新人からしたら、なかなかの緊張感だったと思いますが、
すごく振り切ってパフォーマンスしてくれて、めちゃくちゃかっこよか
ったですね。edhiii boiも気合いを入れてしっかりとやり切ってくれ
て、初めて見た方がひょっとしたら1番多かったアクトなんですが、
たくさんのリアクションをゲストの方々からもいただきました。

　逆に（Aile The）Shotaは、ああいう場であえて力を抜いてステー
ジに現れたのが最高でしたし、「LOVE」というテーマのもと、最

後に上がる自分にうまくつなげてくれるという完璧な流れでしたね。「これはやるしかねえ!」とステージに向かいました。『D.U.N.K.』をパフォーマンスし、上手から下手まで走り回ったんですが、気がついたらアーティストたちまでステージに上がって、自分の後ろで踊っていて(笑)。めっちゃうれしかったし、めっちゃありがたいし、めっちゃ楽しいし、後ろを見ながら「なんていい会社なんだ!」と思いましたし、その空気感が想像以上に来てくださった皆さんに伝わっている感じがありました。

　今、アーティストに対しては、本当にいいことに「現場が楽しい」という成功体験を多くつくれている状況です。「G&G」でも、会社のパーティーなんだからぴしっとしないと怒られるみたいな空気がなく、伸び伸びしていました。もちろんぱりっとしているほうが安心な側面はあるので、今後への課題感も感じているんですが、伸び伸びと育つと、ああいう現場でも伸び伸びとしてくれるから、お客様も伸び伸びと楽しむ空気がつくれるんだなと、今すごく感じていますね。来期のBMSGが掲げるビジネス上のテーマは「楽しく」にしました。

　今回のパーティーを通して、自分の1番大きな仕事ってやっぱり「楽しいな」「楽しそうだな」って思ってもらうことだと改めて感じたんですよ。

正しく夢見て正しく努力し…

「Greeting & Gathering」とは耳慣れない言葉だが、この命名はSKY-HI自身によるものだという(BMSGの4文字のうちの「G」を使用)。文字通り、各業界・各社に点在する、BMSGを応援する仲間が1カ所に集ったわけだが、

最後にそうした仲間をSKY-HI自身がどう捉えているのかを聞いてみた。

　ありがたいことにBMSGを助けてくださる方、一緒にお仕事をしてくださる方々が、大手企業の方であっても、ドライにビジネスとしてではない感じで一緒にお仕事ができる関係性なんです。そこには仕事というよりも、「みんなで仲間を増やして頑張ろう」みたいな、ちょっと少年マンガ感も感じるんですよ。そういう感じが好きな大人の方っていうのは世の中にたくさんいて、紛れもなく僕もそうだし。「『ONE PIECE』症候群」って言えばいいんでしょうかね。何をバカなことを大人にもなって言ってるんだ、と言う反応のほうが正しいとは思うんですが（笑）、でも、少年マンガっぽい生き方って僕も好きだし、推奨します。

　正しく夢を見て、それに向かって正しく努力して、正しく仲間を増やして、正しくそれを成していくっていうのは本当にビジネス的な意味においても、人生的な意味においても、推奨したい。それに、そうしたマインドにシンパシーを感じてくれる方だと、ただビジネスだけ、ではなく、仲間として一緒に仕事ができる感じがあります。その輪を今後もどんどん広げていきたいですね。

BE:FIRSTとMAZZELの
リリースを振り返る

#BEFIRST　　#MAZZEL　　#いい空気感

「自身がわくわくし続けてくれると、おのずとわくわくした
空気感が周囲に漂うし、人はそうした空気感に引きつ
けられると思う」

2023年春、BMSGの2つのボーイズグループが大きく動いた。1つは4月26
日のBE:FIRSTの3rdシングル『Smile Again』のリリース、もう1つは5月17
日、BE:FIRSTに次ぐ新たなグループMAZZEL（マーゼル）のデビューである。
BE:FIRST『Smile Again』は、資生堂の「ANESSA Global Campaign Song」
として大型タイアップもついた、自身初のラブソング。5月3日公開のBillb
oard JAPANダウンロード・ソング・チャート"Download Songs"で初登場1
位を果たしたが、結果的にはBE:FIRSTが初めてBillboard JAPANで総合ソン
グ・チャート"JAPAN Hot 100"で1位を取れなかった曲となった。それを阻
んだのはYOASOBIの『アイドル』。4月12日の配信開始以来、5月20日現
在、Billboard JAPANで総合ソング・チャート"JAPAN Hot 100"で5週連続
トップを独走し、Billboard JAPAN史上最速での1億回再生記録を打ち立て
たモンスターヒット曲だ。

　BE:FIRSTはデビュー以来、『Gifted.』『Bye-Good-Bye』『Sc
ream』『Boom Boom Back』と、1年半の間に計4曲で"JAPAN
Hot 100"の1位を取ってきましたし、今回ももちろん取りたい気持

ちはありました。でも、『アイドル』がすごすぎましたね。2023年の
"JAPAN Hot 100"の年間チャートの総合ポイント数で見ると、1
位と2位が『アイドル』で、3位が『Smile Again』です（取材時
点）。BE:FIRSTがヒット作である前作『Bye-Good-Bye』よりも高
い数字を取ることができたことに、強く手応えを感じました。

予想以上の成長曲線を見せているMAZZEL

一方、5月17日にリリースしたMAZZELのデビューシングル『Vivid』はBillb
oard JAPAN 総合ソング・チャート"JAPAN Hot 100"で4位、CDとラジオで
1位を獲得した。多数局での月間パワープレイ枠に加え、リリース後はさら
にリクエストオンエアを伸ばし、MVのコメント欄にはラジオをきっかけにアク
セスした人も散見される。地上波でも放送されたオーディション「THE FIRST」
が大きな話題になり、その勢いのままデビューしたBE:FIRSTに比べると派手
さはないが、着実に音源から認知度を獲得していく兆しが見て取れる。過
去のインタビューでも「BE:FIRSTとMAZZELは違うやり方を取る」ことはSKY-
HI自身何度も繰り返し語っているが、今の出足はどう捉えているのか。

　一言で言うと、すごくいい感じと言えると思います。もちろん共同
レーベル「BE-U」でタッグを組んだユニバーサルミュージック
さんと一緒に進めていくなかで、数値や影響力での目標は設定し
ていましたが、現時点でおおむね達成できている状況でよかったと
いうこともありますが、それよりは今のMAZZELメンバーが集まっ
たときの空気感がとてもいい。具体的に想定できる成長幅や成長
速度を考えても、今後に大きく期待できる状態だと思います。

　改めて感じたのが、やっぱり「仲が良いグループは伸びる」ん
ですよね。MAZZELの音楽番組でのパフォーマンスを見ていて

も、毎回どんどん良くなっています。世の中、残念ながら練習すればするだけ伸びるわけではありません。今のMAZZELは当然デビュー前ほどはたっぷりと練習時間が取れているわけではないですが、「映る」「見られる」という立場に変わった意識が芽生えたことを含めても、かなり早いタイミングで結構な成長スピードを見せてくれていることに驚いていますし、それが今の彼らの1番いいことかなと思います。

あとは彼ら自身がわくわくし続けてくれると、おのずとわくわくした空気感が周囲に漂ってくるグループになります。人はそうした空気感に引きつけられると思うので、そこはこれからも彼ら自身が育てていくべきポイントだと考えています。少なくとも今もその空気感があることは、非常に良いことと捉えています。

BMSGを立ち上げて最初の大型プロジェクトから生まれたBE:FIRSTのデビュー時とは、会社の状況が違うので、デビュー時に求める数値的目標なりも違ったものになっているのは事実です。BE:FIRSTのときは、本当にもう毎日毎日が倒産を賭けた勝負でしたから。それはおそらく他の事務所さんでも同じだと思います。先にグループがいれば、おのずと2つ目のグループでできることは増えてくる。MAZZELの場合はBE:FIRSTの存在があるからこそ、彼らで挑戦できる幅も広がってくると思っています。

音楽番組『D.U.N.K.』を
YouTubeでやる重要性

#新プロジェクト　#D.U.N.K.　#発信　#YouTube　#仲がいい　#空気がいい

「みんなが苦しみながら耐えている映像より、仲良く楽しく
の空気感のコンテンツが伸びていく時代が来ている」

2023年に始まったダンス＆ボーカルの大型プロジェクト「D.U.N.K.‐DANCE
UNIVERSE NEVER KILLED‐」。2月から日本テレビ系で同名番組がスタート
し、3月には3日間にわたり「D.U.N.K. Showcase」を開催、SKY-HIやBE:F
IRSTらBMSG所属アーティストに加え、DREAMS COME TRUE、GENERATIO
NS、&TEAMら豪華アーティストが出演した。そして5月13日から新たな音楽
番組がYouTubeで始まった。

「D.U.N.K. Showcase」で撮影されたオンステージカメラやドローンも使った迫
力あるパフォーマンス映像に加え、ステージ裏の様子やつながりも見える番
組は、スタジオでパフォーマンスする従来の音楽番組とは一線を画すものだ。

これまでもSKY-HIは、「新しい音楽番組を作る」「Showcase後が本当の意
味での『D.U.N.K.』のスタート」と語っていたが、テレビ局が「YouTubeで
番組を配信する」ことに踏み出した事実に改めて驚かされた。プロジェクト
を企画するSKY-HIにとってもここは大きな肝とした部分だった。

　事務所の垣根を越えたアーティストが参加すること、そしてコラ

ボレーションを見せることでダンス＆ボーカルというか音楽のあるべき姿を伝えることに加え、新しい音楽番組をYouTubeで配信することが、自分が考える「『D.U.N.K.』でやるべきこと」の大きな1つでした。

　今の日本では音楽番組の数が極端に少ないし、放映時間も深夜が多く、インターネットだと見られない番組も少なくありません。つまり、本当にアーティストが好きなファンしか見られないコンテンツでしかないように思います。かつては、深夜番組で面白いものがあれば人気に火が付いて話題になるケースもありましたが、インターネット上にこれだけ動画コンテンツがある今はそうした展開もなかなか見込めない。

　一方、動画配信サービスで見せるとなると、今度は課金制度であったり、YouTubeですらレーベルによってはエリアを制限していたりと、必ずしも世界に向けたものとは言い難く、実は、世界中で見られるコンテンツを日本のアーティストが出すというのは、皆さんが思っているほど簡単ではないんです。

　あえてインターネット上で無料視聴できるコンテンツを絞ることで、オフラインでの価値を高めたり、ファンからの求心力を上げたり、製品やサービスの購入に結びつけたりするのはビジネス戦略の1つとしてはありでしょう。でも、ずっと日本の音楽業界が「閉じる」ことを必死にやった末に何が起きたかといえば、この20年ですっかり力を弱めてしまったと思うんです。音楽市場が世界的に右肩上がりで伸びているなか、日本はちょっと右肩下がりの状態。その理由がインターネットへの対応であることは火を見るよりも明らかです。

だから、何かインターネットで見られる、つまり誰もが知っているYouTubeで世界中から見られる音楽番組が存在するということがまずすごく大事でした。

時代が求めるのは「いい空気感」

パフォーマンス映像だけでなく、バックステージでの様子やトークなども盛り込んだのには、「殺伐とした空気のコンテンツが人気を呼ぶ」今の時代の空気感へのカウンター的な思いもあったという。

　「D.U.N.K. Showcase」は、アーティスト同士の空気感も本当に良いイベントで、その空気感ごと世の中に出せると良いかなと思っています。

　人が怒っている動画が1番再生回数が伸びる、と言われるほど殺伐としたコンテンツが数字を呼ぶ時代がしばらく続いていたと思いますが、最近ではカウンター的にホッコリ系コンテンツも伸びてきています。つまり、「仲がいい」「空気がいい」を映し出すコンテンツが伸びていくと思うんです。

　例えばオーディション番組でも、今後はシビアなサバイバル系よりそっちのほうが強くなってくるのではないでしょうか。みんなが苦しみながら耐えている映像より、仲良く楽しくの空気感のコンテンツが伸びていく時代が来ている。それは「THE FIRST」（BE:FIRSTを生んだオーディション）の時も強く感じましたが、「D.U.N.K.」でもそうしたコンテンツが担保できれば、番組で目標としている数値が達成できるんじゃないかなと思います。

とはいえ、実際に番組を制作するのは自分やBMSGではなく、日テレさん。こちらのビジョンを伝え、緻密なコミュニケーションを取りながら進めていく必要があります。「THE FIRST」ではBMSGが制作したものを日テレさんなりHuluさんに流してもらう形でしたが、「要望を出して作ってもらう」ことに対しては難しさと面白さの両方をすごく感じています。自分の要望が通りすぎてしまうのも良し悪しですし、どこまで伝えるべきなのかは正直悩むところです。振り返ってみれば、BMSGとして大きな会社さんと一緒にコンテンツを作る経験ってまだあまりなかったなということに気づきましたし、そうした意味でもいい経験になりそうです。

音楽番組そのものに関しては、例えばカメラワーク1つをとってもまだまだ大きな成長がすぐそこにあるジャンルだと感じているので、頑張りたいなと考えています。

思いを一緒に背負ってくれた日テレ

日テレが民放テレビ局ながらYouTube番組を作ることは "英断" のようにも思えるが、どんな経緯を経たのか?

BE:FIRSTのデビュー直後（21年11月以降）くらいには、新しい音楽番組をやらなくてはいけないとか、ボーイズグループあるいはダンス&ボーカルに特化したものを作るべきだという話は、日テレさんに限らずいろいろなところでお話ししていました。ただ、BMSGが会社として大きくなればなるほど、人数が増えれば増えるほど、自分1人で「これをやろう」「あれもやろう」っていうのは、組織のリーダーとしてあんまり正しくないんですよね。このプロジェクトも「やったほうがいいこと」ではあるけれども、その前に「やらなくて

はいけないこと」が無数にあるわけで、正直、実際に動き始めるには時間が掛かりました。

　そうしたなかで一緒に思いを背負ってくれる外の人や組織の存在は絶対に必要で、日テレさんが今までの関係値もあってのものだと思いますが名乗りを上げてくれました。ちょうどBE:FIRSTの『Bye-Good-Bye』のリリース（22年5月18日）の後くらいですね。日テレさんも様々な数字を見ているわけで、（曲の大ヒットで）このプロジェクトに対する現実味が1段階深くなった感じがありました。

　その後、「12月からでどうですか？」と言ってくださったんですが、12月はBE:FIRSTの最初のツアーも含めていろいろあり、BMSGにとってノイズにもなりかねないというお話をし、3月にShowcaseというスケジュールに落ち着きました。

この成功がグローバルにつながる

　YouTubeでの番組配信に関して、自分は「これができないとやる意味ないですよね」とお話ししていたのですが、それに対しても最初からカジュアルに「いいですね」という反応だったんです。

　実際にYouTubeで始まるまでにはShowcaseから2カ月掛かってしまいましたが、本当にそれは歴史的なことでもあるので、ここへ漕ぎ着けるまで頑張ってくれた日テレさんに感謝しかないですね。本格的にYouTubeで番組を作ることは日テレさんも初めてでしたし、おそらく民放全体でも初めて。なんだったらタブーみたいなものだったはずですから、恐らく進めるためにはいろんな稟議を通してくださったんだろうと思います。テレビ番組とは違い、尺も固定さ

れていないぶん、作り方も自由だったりしますが、能力が高く経験のある方々が集まってくださっているので、今後も手探りでどんどん良くなっていくんじゃないかなと期待しています。

　「D.U.N.K. Showcase」の主催は日テレさんで、配信はHuluでもされて、CSでもなんと15時間一挙の放送（5月28日）があったりもする。そういう部分でのマネタイズでビジネス的にBMSGが大きな権利を持つことはないですが、自分たちとしては今後、他の国のアーティストとの出演交渉の手札となるコンテンツになってくれることがメリットです。正直、興行としての成長で手に入るものって、もちろん小さなお金ではないものの、短期的な収入じゃないですか。それよりも、参加している人間や会社が海外と話がしやすくなること、日本のダンス＆ボーカルシーンがグローバルにつながることのメリットのほうがはるかに大きいですね。

　ただ、日テレさんがYouTubeの番組を作るための追加の制作費が、YouTubeそのもので回収できるビジネススキームができると、今後のコンテンツ制作の新しい可能性が見えるので、そこは頑張りたいですし、みなさんにもたくさん見ていただきたいところです（笑）。

ソロのステージで「自分自身」を再定義したかった

#自分の再定義　#肩書き　#CEO　#BOSS　#SKY-HI

「雑なカテゴライズや安易なラベリング、それによる偏見や逆偏見は昔から忌避している」

SKY-HI は自身のソロ活動史上最大のツアー『SKY-HI ARENA TOUR 2023 -BOSSDOM』を開催。5月に東京・代々木第一体育館、6月に大阪・大阪城ホールを各2公演ずつ巡った。長年活動を共にしてきたハウスバンドである THE SUPER FLYERS、ダンサーチーム BFQ に加え、今回はダンサーも4人追加。最新のライブ演出技術が空間を彩り、そこにエネルギーあふれる SKY-HI の圧巻のパフォーマンス。エンタテインメントの極致ともいうべき音楽の素晴らしさと強いメッセージが融合したすごみのあるパワーを感じさせた。

ライブ中の MC では「BMSG は、あなたたちと一緒に時代を変える」という宣言もあり、ツアー名に冠した「BOSSDOM」という言葉とも相まって、これまでの SKY-HI のソロライブ以上に BMSG を率いる立場を感じる瞬間もあった。

　そうですね、前提としては「舐められて甘く見られてゴミ箱に捨てられてきた夢を後生大事にしてきたら、こんな素敵な景色にたどり着けた人生がありますよ」をステージで言うことを1番大事にしたかったのですが、ステージでの立ち居振る舞いにも、「BOSSDOM」というタイトルにしたことにも、おっしゃるようなニュアンスが

多分に含まれています。自分としては起業当時から「BOSSDOM」のライブでご覧いただいた感じのメンタリティーでやってきています。当然強まってきているものではありますが、強いて言えば「自分（SKY-HI）に対する認識の再定義」のステージだったと思います。

「自分に対する認識」の中には、自分自身による認識のほかに他者が作り上げているものも含まれてきますが、後者に関しては自身の発信である程度コントロールできる、および、すべきという意味での再定義です。

高校生の頃から地続きで自分が目指してやってきたことが、今ようやく形になりつつある。ここまでたどり着く時間が長すぎたこともあり、今自分を応援してくれる人たちの間には、応援してくれている期間も、自分に対する認識にもばらつきがあるほうだと思うんです。そうした背景のなか、「SKY-HIってこういう人」を一言で言えるアルバムを作りたかったのが（22年12月リリースの）『THE DEBUT』だし、その制作中くらいで意識的に「BOSS」というワードを多めに使っているのも同じ理由からです。「SKY-HIって一言で言うと何？」に対しては「BOSS」で済ませたいなと（笑）。

これまでもちょこちょこと、自分がどういう人間であるかを発信し続けてきたつもりですが、発信しても発信しても周知され尽くすことなどないですから。例えば「前にAAAをやっていた人」「アイドル」「ラッパー」と様々な呼び方をされるけれど、今の自分を認識していただく言葉として「BMSGのBOSS」以上に伝わりやすい言葉はないと思うので、今までの人生をステージに投影するうえで、改めて提示しました。別になんと呼ばれることも全然ウェルカムなのですが、雑なカテゴライズや安易なラベリング、それによる偏見や逆偏見は昔から忌避していますので、そこら辺は楽曲でも

主張し続けています。

"狭義の肩書き"に対する違和感

　その話を膨らませるなら、「社長である自分」「アーティスト
SKY-HI」と分けて捉えられることには、すごく違和感があるんで
すよ。どちらも自分、24時間紛うことなきSKY-HIなので、「ステー
ジでは社長じゃない」も「SKY-HIでなく社長として」も存在しな
いです。社長であることと音楽を作る人間であること、アーティスト
およびプロデューサーであること、それら全てが自分の中でイコー
ルであるので、社長業とアーティストとしての自分を分けようとする
流れのようなものを止めたい気持ちもあります。

　常に自分らしく、24時間自分のままでいるために起業したわけ
ですし、社長であり、プロデューサーであるということが、自分の
何よりのアーティシズムでもあるので。なので、広義のリーダーと
しての「BOSS」を自分から提示することでさらに生きやすくしようと
しているところもあります(笑)。

　狭義の肩書きに対する違和感は、世間でいまだに言われる「ア
イドル／アーティスト論争」とも共通するところがありますよね。肩
書きを限定したり、カテゴライズ、ラベリングしたりすることで、何
かが変わると思っているのかな。例えばBE:FIRSTがアイドルであ
ると定義する場合とアーティストであると定義する場合、リリースす
るものが変わると思います？ 変わらないですよね。作るものも変わら
ないし、メンタリティーも変わらないし、やることも何も変わらないで
す。なので狭義の肩書きでくくって、違う肩書きを否定するという
のは意味がないというか、どちらでもあるでしょうからなんと呼ばれ

ても良いはずです。それにもかかわらず、肩書きで論争する人の気持ちは分からないし、そうした風潮にはやっぱり徹底的にあらがっていきたいし、そうした論争を叩き潰したい気持ちがあります。最高の音楽家と最高のアイドルも、最高のアーティストと最高のアイドルも、時に同じでしょう。

『何様』のリリック（「叩かれたくなきゃハナから目立つな喋るな」）ではないですが、芸能人に望まれている「誤解を生みたくないなら黙ってればいいのに」というムードにも、徹底的にあらがっていきたいんです。自分を取り巻く環境に自分の意図しないものがあるならば、それは徹底的に主張していきたい。それを今、エンタテインメントとして1番象徴できるのが「BOSSDOM」の場であり、そうした意志も含んだ再定義のスタートだったと思います。こうした思いから発露されたもののゴールがあれだけ「楽しい」にあふれたものになっているのは、エンタテインメントの豊かさだし、自分の人生が今まさに充実しているんだなと実感します（笑）。

「3年後は東京ドーム」宣言の背景

そのステージでは「3年後には東京ドーム」という発言も飛び出した。本人は「なんで言ったのか、自分でもまだ分からない」という "ドーム宣言"。そこに至る思いを自己分析してもらった。

ドームの話は当日ステージに立つまで考えてもいなかったんで、びっくりしました。なんで言ったのか、自分でもまだ分かんないです。恐らく自分を因数分解していったら、だから言ったのかと納得いく理由があるんでしょうけれども。

103

何らかの使命感を感じた部分はやっぱりあると思います。もちろんBMSGのアーティストたちに何かを見せたかった気持ちもそこにはあるでしょう。言語化が難しい感情ではあるんですけど、別に彼らに背中を見せるためだけにステージに立っているわけでは当然ない。でも、様々なものを引っくるめて、人間としての自分の理想的精神状態がそこにあったんだと思うんですよね。自分がやっていることに対して、今すごくいいなと。

　先ほどの話とも重なりますが、17年頃のライブでは、自分自身にとっての自分と、見ている客席側の自分とのズレがしんどかったし、全ての環境にズレしか感じていなかったんです。ずっとボタンを掛け違えたまま生活しているようなもので、気持ち悪くて仕方なかった。でも今は、長年一緒にやってきたSKY-HIのライブを作るチームの成熟、お客さんとのエネルギーの交換を含めたコミュニケーション、自分自身が感じているBMSGとして向かっている先、所属アーティストのテンション、社員のモチベーション…もろもろが全てかみ合ってることを、ライブ中に強く感じていたんだろうなという気がします。

　17年頃からはこの仕事をどうやって辞めようかとずっと考えていたけれども、「どうやらそういうことではない、頑張らなきゃ」と意識が変わったし、今はさらに強まっていることも大きいですね。ライブのMCでも「頑張らなきゃ」と話したと思いますが、どう頑張るのかという具体例を考えていたら、つい「東京ドーム」って言っちゃったこともあるでしょうね。言ってしまった以上、やらなくてはいけなくなりましたね。

アーティストとしてはすごくピュアな状態

この連載も3年目。ご存じのようにSKY-HIはBMSGやアーティストの未来を数年後まで見据える発言をしてきた。そのなかで、自身のアーティスト活動に対してだけは、プランやビジョン抜きで語ることを意外に感じた。

　今、アーティストとしての自分は本当に全然（プランなどが）ないですよ。ビジネス的な意味での使命感もないし。だって、自分がやらなくても誰も困らないんだもん。所属事務所も完全に自分の会社（BMSG）でしょ。ただ、自分がアーティストをやりたいとか、やるべきと思うか、それが何か自分にとって納得できる理由かどうかっていうことが全てですね。功名心も特にないし。そういう意味ではすごくピュアな状態ですよね。

　よく話すことですが、ライブの2時間はスマホも見られないので、自分にとっては唯一仕事をしない時間みたいなところがあるんです。だから、ますますステージにピュアな状態で立てている。最近はいい意味で、曲を作る作業が日常の歯磨きみたいな位置づけに落ち着いていて、今回はその上で大きいステージをやれた。ライブは最後、『The Debut』で終わりますが、本当の意味でのデビュー感がありますね。「こういうふうにしなきゃ」が1つもなかったけれども、全部いろいろつながってここにいる感じが強くあります。

2023 / 06

ツアー初日前夜
「久しぶりに眠れなかった」理由

#責任感　#プレッシャー　#体制の向上　#感謝　#SKYHI

「期待をいただいたりしてしまうと、背負うものの重さを
強く感じてどんどんプレッシャーになっていくんですが、
それがパフォーマンスに良い影響を与えてくれている」

2023年6月18日、SKY-HIは東京・大阪の4公演で約4万人を動員した、自
身史上最大のツアー『SKY-HI ARENA TOUR 2023 - BOSSDOM-』を終えた。
今回は、「久々にライブ初日前に眠れなかった」というSKY-HIの話を紹介
する。インタビューは東京公演と大阪公演の間に行った。

　「BOSSDOM」では、久しぶりに初日前に眠れなかったんです
よね。りょんりょん（ボイストレーナーの佐藤涼子氏）にその話をしたら、
「初日の前で熟睡できるアーティストなんていないわよ」って言われ
たけど。（笑）

　たぶん緊張していたんでしょうね。初日が映像の収録ということ
もなかなかないし、それにもかかわらず「当日やってみないと分か
んない」っていうこともいっぱいあったし、立場や責任、タイミン
グも含めて「外しちゃいけない」感はすごくありました。

　一方で最近、フェスにしろ何にしろ、本番が1番良くて。たと

えいろんな不安なことがあっても、本番が1番良いことが続いていて、「いいね、俺！」なんて思ってたんです。それができている要因は1つじゃない感じはします。所属アーティストのおかげ、スタッフのおかげ、ファンのおかげ、いろいろなことのおかげの気がしますね。あと、両親のおかげ（笑）。

　今、武道館公演（SKY-HI Tour 2017 Final "WELIVE" in BUDOKAN）をしたときと同じ現場マネジャーがBMSGに転職して、再び自分に付いているんですよ。それで当時のことを思い出すんですが、武道館公演をするとなっても全く自分に対するバックアップ体制がなかったんです。マネジャー以外のスタッフもいないし、マッサージの方もいないし、ボイストレーナーもいないし、筋トレのトレーナーもいない状態。当時、大きくなったアーティストの友達のバックステージに行くと、ケータリングはあるし、マッサージの方もいるし、トレーナーもいるし、ほかにもいろいろそろっているんですよ。びっくりしちゃいました。自分にもそれが欲しかったというわけではないですが、今振り返るとやっぱり明らかにパフォーマンスやクリエーティブに集中できていないこともありました。おかげで「パフォーマンスを上げるために何をすればいいか」を1つひとつ考えてアーティスト兼プロデューサーとしての体制を整えられた6年間でしたし、現在本当にサポートしてもらっていることに強く感謝できるので、結果としては必要な時期でした。

プレッシャーはよい影響を与えてくれる

自身のチームが整って、ステージでのパフォーマンスが向上する一方で、「ステージの表でも裏でも、自分の責任を感じているところがある」とも語る。

たぶん、どちらが正しいとかではなく、責任を背負ったほうがいいパフォーマンスができるタイプの人とそうでない人がいると思うんです。自分の場合は確実に前者でいろいろなケアをしていただいたり、みんなからの期待をしていただいたりしてしまうと、背負うものの重さを強く感じてどんどんとプレッシャーになっていくんですが、それがパフォーマンスに良い影響を与えてくれています。元からの気質なのか、そういう環境になってから身についたものなのか分かりませんが。ただ、そうしたプレッシャーのおかげで、初日前はめちゃくちゃ緊張しましたね。

　プレッシャーはプレッシャーであって、そこに良いプレッシャーも悪いプレッシャーもないんですが、それをいい形に昇華できている状態はいいなと感じています。ライブが終わってからスタッフやアーティスト、トレーニー、友達のみんなが遠慮せず楽屋に来るのもうれしかったですし、すごく楽しかったですね。

新曲&ドキュメント映画で示す
BE:FIRSTの新境地

#BEFIRST　#グローバル　#世界へ　#範馬刃牙　#CJENM

「"アニメのタイアップ"曲＝大ヒット＝世界へ"という考え
は短絡的。それよりも自分たちのストーリー、自分たち
の楽曲として提示できるものを作らなきゃいけない」

この夏、BE:FIRSTが大きな動きを見せる。2023年8月25日に初ライブドキュメンタリー映画『BE:the ONE』が全国公開、30日にはアニメ『「範馬刃牙」地上最強の親子喧嘩編』のオープニング／エンディング曲を収録したスプリットシングルが発売（配信は29日）、さらに9月13日には4thシングルをリリースすることも発表。今回は、1つひとつについて話を聞いた。

　『「範馬刃牙」地上最強の親子喧嘩編』のタイアップの話は、BE:FIRSTの『Shining One』と『Gifted.』の間に秋田書店さんから「オープニングをSKY-HI、エンディングをBE:FIRSTでどうですか？」とオファーをいただきました。親子関係、師弟関係をテーマにした作品と僕らの関係性が合っていると思っていただいたようです。

　アニメの納品は早いですよね。楽曲を使ったオープニング／エンディング映像を作らなくてはいけないこともあるし、特に世界配信で検閲が入る国がある場合は、さらに前倒しになります。今回も

昨年の夏には楽曲を納品しました。

　もともと僕自身が『刃牙』シリーズの大ファンなのですが…そのことを言いづらい部分もあるんですよ。『刃牙』ファンのハードな熱量も知っているので。マンガの歴史の中でも偉大な作品だし、畏怖の念もあります。なかでも『範馬刃牙』の面白さは異常なレベル。その作品に携わらせてもらうことになったのは光栄の一言に尽きます。

　僕の『Sarracenia』（OPテーマ曲）に関しては、（刃牙の父親である）範馬勇次郎のキャラクターソングのような、勇次郎ファンが聴いたときに「勇次郎っぽいな」と思っていただけること、決してファンに失礼のない曲を作りたいと考えました。アニメソングであることを意識せずに、勇次郎という人間にフォーカスし、同時に自分の楽曲としてツアーやフェスのセットリストに積極的に入れたくなるものを作ろうと考えました。対してBE:FIRSTの『Salvia』（EDテーマ曲）は範馬刃牙のテンション感で作っています。『Sarracenia』と『Salvia』は文字面が似ていますが、こういうのって大事じゃないですか。様式美のようなものですね。意味合いなども含めて2曲合わせて親子であり、師弟である関係性も大事にしたところです。同じボイスサンプルを使ったりと、クリエート面でも意識しています。

　YOASOBIの『アイドル』やLiSAの『紅蓮華』のように、おそらく"アニメのタイアップ曲＝大ヒット＝世界へ"と大きく期待する向きもあるかと思うんですが、その考えはとても短絡的だと思います。アニメが好きな海外ファンが一定数いるのは事実ですが、「あの曲の人」だけになってしまっては認知されても意味がないですし。それよりは自分たちのストーリー、自分たちの楽曲として提示できるものを作らなきゃいけないとは思います。

念願の韓国CJ ENMとの仕事

BE:FIRST のドキュメンタリー映画『BE:the ONE』は、韓国の CJ ENM の子会社 CJ 4DPLEX が製作し、配給はエイベックス・ピクチャーズ。CJ 4DPLEX は過去に『BTS:Yet to Come in Cinemas』『NCT DREAM THE MOVIE:In A DREAM』などのドキュメンタリー映画を製作し、これらを手掛けたオ・ユンドン監督がクレジットに名を連ねている。

　これまでも CJ ENM さんとはよくお話をさせていただいていました。今、HYBE JAPAN さんや LAPONE ENTERTAINMENT さんのアーティストさんが韓国の音楽番組に出演されることがありますが、ああした形はできないか探ってみたり。HYBE さんはもちろん韓国系ですし、LAPONE さんも CJ の資本が大きく入っている会社。そうした関係値のない我々のような独立した日本の事務所では、いくら CJ さんが興味を持ってくださっても出演に至るまではなかなか難しいんですよね。今回ようやく CJ さんと仕事をご一緒することができた感じがあります。

　お話をいただいたのは昨年7月頃でした。『Message -Acoustic Ver.-」のパフォーマンスシーンは韓国で撮影しましたが、大きなお金を掛けていい映像を撮影してきた場数と手数の多さはさすがだなと感じました。特に凝ったことをするという意味でなく、シンプルに映像のクオリティーとしてレベルが高いんです。

　とはいえ、CJ さんは巨大なグループ会社ですから、CJ 4DPLEX さんとお仕事したからといって、韓国 Mnet の音楽番組『MCOUNTDOWN』に出やすくなるかと言えばそれは別。たとえていうなら、三菱 UFJ 銀行に口座があるからといって三菱重工と取引できるようなものでもないじゃないですか。そんな感じです。

CJ 4DPLEX さんにお声掛けいただいた以外にもいろいろある んですが、さらには「D.U.N.K.」を始めた理由にもつながることと して、「日本の事務所、日本の芸能界、日本のアーティストの中 で、一緒に仕事をするならここ（BMSG）だね」と、海外の様々な 方に思ってもらう必要はずっと感じていましたし、それに向けて続け てきたことがちょっと結実し始めてきたのかもしれません。やってき た1つひとつに無駄はなく、いろいろなことがつながっていると思い ますし、これからさらに1つ先につながるような感じもあります。なの で、仕事を受けるのって大事ですね。

もう1度、「新人」としてのフェーズが始まる

9月13日リリースの4thシングルについては、取材時点では「ちょっと早い かな…」と話してもらえなかったが、ギアを変えるためにBE:FIRSTにとって 必要なこととは何か。

「視座が変わる」だけじゃないですかね。アーティスト本人だけ でなく、会社としても、今の段階で1つ視座を高めないといけない のは確かです。

BE:FIRSTに対してはメンバーも社内も、誰ももう新人とは認識 してないんです。特に社内で言えば、ほとんどの社員より彼らのほ うが古株だったりしますから（笑）。だからベテラン感がある、とま では言わないけれども、少なくとも何か先輩感みたいなものはある んです。その良し悪しは絶妙なところなんですよね。例えば今、海 外で仕事をするとなったら、「デビュー2年目の新人グループ」な わけですから。

自分たちは外から見たらそうである、という意識をもう1回引き締めておかないと、大事故につながる可能性もあります。楽しみながらも視座を高める、自覚を強く持っていくみたいなのがすごく大事になるんじゃないですかね。その自覚というのは、世の中に出る人間であり、自分たちに数字があり、影響力があるということ。もし海外からもオファーが来るようになってきたら、なおさらその自覚は大事だと思います。

　影響力を持つというのは、社会に何かしらの影響を及ぼす力があるということ。つまり「責任」と言い換えられると思います。今は、世の中に対する責任感のようなものをしっかり持っている人がかっこいい時代。そういう時代が世界で始まって久しいはずですが、社会意識が高くない日本にいるとそこもバグるんですよね。

　芸能人の持つ社会的責任の意味を、世間から取り違えられまくってるイメージはちょっとあります。決して「聖人君子じゃなきゃいけない」とかいうことではなくて、ちゃんと視座を高く持って、責任感と緊張感と、人に対するリスペクトを強く持ってやっていくことが大事な気がしますね。そういう意味では、BE:FIRSTはもう1回、世界に対して新人としてのフェーズが始まるんだと思っています。

MAZZELもデビューから2カ月が過ぎ、そろそろ次の展開が気になる頃だ。

　2つ目のシングルを作り終えたところです。MAZZELの1stアルバムを作るまでに、あといくつかシングルを出していこうかなと思っています。

　BE:FIRSTの場合、これまでの彼らの曲の中でも『Boom Boom Back』がいろんな意味で1番手応えがあったんですが、そこに至

113

るまでに『Gifted.』でのデビューと『Bye-Good-Bye』のヒット、完成度の高い作品にできた1stアルバム『BE:1』、さらに『Milli-Billi』のスペシャル・ダンスパフォーマンスの動画をYouTubeに出したときの手応えなど、全てがかみ合う感じがありました。

　MAZZELの場合も、最低3枚のシングルがあれば、彼らのスタンスを明確にできると思いますし、こうやって作っていくものかなと思っています。MAZZELと自分たち、MAZZELと世の中ももっと十分なコミュニケーションが必要です。やりとりを繰り返しながら、彼らの資質に合った見せ方やスタンスをしっかり確立していきたいと思っています。

　繰り返しになりますが、アーティストが活動を進めながらつまらなくなってしまうのは嫌じゃないですか。どうあっても本人たちが「ここでなくちゃ嫌だ」と思ってくれる環境を作る必要は絶対にあるので、すごくしっかり考えたいところですね。何が売れるか分からない時代だからこそ、毎作品本気でやれることがこれまで以上に大切だからです。

メンバーの"音楽的発露"を
感じたBE:FIRST最新作

#マネジメント　#コミュニケーション　#導き　#発露　#過去のトラウマ　#仲間感
#BEFIRST

「彼らの "こうありたい" は、"音楽" に全力で向かって
いる。僕自身、うまくマネジメントを進められているなとい
う安心感も強く感じた」

2023年9月13日、BE:FIRST は 4th シングル『Mainstream』をリリースした。
今回のリリースには、これまで以上に BE:FIRST のメンバーが積極的に関わ
っている。初のホールツアーやフェスへの出演、『Boom Boom Back』への
反響など、様々な経験を経て、BE:FIRST はこれまで以上に「BE:FIRST として
どんな音楽をやりたいか」に意識が向かっていった。話し合いを重ねてい
たメンバーだったが、それをついに SKY-HI に打ち明けたのは、映画『BE:t
he ONE』の撮影で訪れていた韓国でのことだった。SKY-HI はそのとき、率
直に何を感じたのだろうか。

　本当にうれしかったですね。BE:FIRST の発露が音楽であって
ほしいと思い続けていたけれども、実際にそうなったのは最高の気
分です。シンプルに「どういうことをやっている BE:FIRST が 1 番か
っこいいか」「どういう曲を、どうパフォーマンスしていると BE:FIR
ST がかっこいいか」 みたいな部分を明確にできたんじゃないかと
思います。

「どういう曲」という部分はSOTAが中心となって伝えてくれたんですが、言っていることが僕もすごく分かったし、納得できたし、自分も気合が入りましたし、緊張もしましたね。作れるだろうとは思ったけれども、会話ってやっぱり完璧ではないじゃないですか。例えば「おいしいスパゲティが欲しい」と言われても、ミートソースでいいのか、その量は多いほうがいいのか少ないほうがいいのか、具材に歯ごたえがあったほうがいいのか…作って出してみないと分からない部分がある。受け取ったものにズレがないのか。提示すべきはこれでいいのか。だから、すごく緊張もしましたね。

いつもは「こういう曲を作ろう」と決めてから、スケジュールを作って誰かとスタジオに入って仕上げるんですが、今回は久しぶりにDRRやINIMIとソングライトキャンプをしました。「今日は音楽を作る日」という感じで朝からスタジオに行き、時間の許す限り曲を作るっていうことをしてみたんですが、めちゃくちゃ有意義でしたね。結局10曲くらいできて、うち3曲を『Mainstream』に収録しています。MAZZELが10月18日にリリースする2ndシングル『Carnival』のカップリング曲『Fire』もできました。MAZZELとも音楽を通したいいコミュニケーションができた手応えを強く感じているところです。

そうしたMAZZELの曲も含めて、完成した10曲をBE:FIRSTの前で聴いてもらったんですが、これがまた良い会になりました。あの雰囲気、コミュニケーションの質、本当に完璧だなと思いましたね。

アーティストとして有名になっていくと、当然自分たちが有名になってきているという自覚が出てくる。そのとき、どこにテンションが高まるかは人それぞれ。正直、みんながお金や功名心優先になるな

ど、変な方向に行かないようにしないといけないな、という怖さもありました。でも、蓋を開けてみれば、彼らの「こうありたい」は「音楽」に全力で向かっている。こんな最高なことはないですし、それこそ音楽以外のところで強い不満やストレスを感じていたら、こうはならない。僕自身もうまくマネジメントを進められているなという安心感も強く感じました。

「俺たちがメインストリーム」という宣言

表題曲である『Mainstream』の歌詞は SKY-HI が作ったものだが、ボーイズグループとして BE:FIRST の唯一無二の存在を示しているとともに、SKY-HI および BMSG が目指す変革への意思表示も感じる。そうしたものをひっくるめて「これぞ BE:FIRST」と言うべき内容に感じた。そのことを伝えると、「そう思っていただけましたか?」と言いながら、歌詞に込めた思いを話してくれた。

　「これぞ BE:FIRST」って、ニワトリとタマゴ（鶏が先か卵が先か）なんですけどね。実は最初から「BE:FIRSTってこうだよね」と思いながら書いているわけでもなかった気がするんです。ただ、オーディションの頃から、ちゃんとボースティング（※）できるボーイズグループっていないなと感じていて、そのうち自然に「BE:FIRSTっぽい言説」というものが生まれてきたように思います。現行の日本のアイドルカルチャーに対して思うところがあり、BE:FIRST を通してそこに変革を起こしたいとは考えてきましたが、現在は…特に強い言葉の時は、イタコのように「BE:FIRST という意志に自分が書かされている」という状態です。そしてそれができているというのはメンバーに対して本当にありがたい気持ちです。

※ボースティング…HIPHOP カルチャーにおける「自画自賛」の意

『Mainstream』というタイトルには、「俺たちがメインストリームだ」という意思もあるし、「これが俺たちのメインストリーム」という意思もある。先ほど「これぞ BE:FIRST」とおっしゃっていただきましたが、自分たちが思う「これぞ BE:FIRST」でもある。かみ砕いて言えば、「BE:FIRST ってこういう存在／こういう曲を歌うよね」という主張でもあるし、同時に「こういう曲を引っ提げて、俺たちがメインストリームになるタイミングがもう来たよ」という宣言でもあると思います。

今回の音楽制作は、またも SKY-HI の過去のトラウマからの解放にもなったようだ。

　我ながら今回、すごくいい仕事をしたなと思うのは、作ったものでみんなを満足させられたこと。そこが 1 番大きかったです。作ってみたものの「なんか違うんだよな」となったら目も当てられません。僕のグループ活動時は、こうした作業では満足できたことがなかったんです。それは「仕方がないこと」として受け入れていたんですけど。それこそボースティングみたいになってしまいますが、自分を超えられているスタッフおよび作曲家が周りにいなかったので、その満足はやっぱりなかった。だから、グループで活動している頃は自分が音楽制作に入るしかなかったんです。もちろん「入りたかった」という気持ちもあったけれども、それ以上に「入らざるを得なかった」っていうのがあったように覚えています。「あくまで音楽は活動のうちの 1 セクションで、ダンス＆ボーカルの場合そこまで本質的にこだわるものではない、強い意志は必要ない。やりたいならやっても良いけどお金は払わないよ」という姿勢には違和感と危機感がありました。

　本来、スタッフやプロデューサーは制作したものに満足してもら

えるかと常に緊張感を持たなくてはいけません。BE:FIRSTのアーティストとしての発露の方向が音楽だったことは本当にうれしかったし、僕にはそれに応えられる自信もあった。それは今後にとっても大きな財産になると感じてます。

そうした発露はアルバムを2作リリースしたあとくらいかな、となんとなく予想していました。アルバム2作くらいは僕が「BE:FIRSTがこういう曲をやったらかっこいいよね」と思うものを作れる自信はありましたが、一生それでいくのはベストではない。でも、2作目を作っているくらいに、今回のような発露があると思っていたんです。

BE:FIRSTとのフィーチャリングも近づく?

『Mainstream』の制作を経て、今後は彼らとのコミュニケーションがもっとラフにできるように思います。デビューシングルの『Gifted.』を渡したときから今まで、僕はメンバーのみんなに悩んでいる姿をあまり見せてきませんでした。「また歴史を変える曲ができたよ」「この曲で時代をつくっちゃうね」と言いながら毎回曲を渡してきたけれども、実は裏では少なからず悩んでいたし、次はどんな楽曲でいこうかなと考え続けていました。ただ、これからはその段階からみんなに話せるし、「次はどんなのをやろうか?」とコミュニケーションできる。すごくいいですよね。

これはまだ少し先の話かもしれませんが、一緒にステージに立つ際の関係性も、今よりも「仲間感」が出てくるようになるんじゃないかなと思います。これまで1度もSKY-HI feat.BE:FIRSTまたはBE:FIRST feat. SKY-HIもやっていません。これまではそれをやるのは立場の違いが大きいので、少し違うかなと思っていたので

119

すが、昨日 SOTA と 1on1 をしていて、「ひょっとしたらそのときが近づいてるのかも」と感じました。分からないですけどね、やらないかもしれないし。それはただの結果なのでどっちでもいいんです（笑）。ただ、そうした音楽的自由度がさらに上がったことも、音楽的コミュニケーションの幅が広がったのも間違いありませんし、本当にうれしいです。

会社としての仕組みを
確立するフェーズに来た

#マネジメント　#いい空気感　#ポジティブな悩み　#再現可能性
#個人格と法人格　#BEFIRST

「BMSGは、個人格のいいところで会社が動いていた。
ここからは、組織としての決まり事や組織運営の部分で、
しっかりと会社が動く仕組みを確立しないといけない」

2023年、BMSGの快進撃がすさまじい。BE:FIRSTの活躍に加え、MAZZEL
のデビュー、さらにはNovel Coreが24年の日本武道館公演を発表し、Aile
The Shotaは初のワンマンライブを開催。edhiii boiも11月にワンマンライブ
を予定する。9月1日にはREIKOがプレデビューを果たし、「THE FIRST」の
最終審査に残った10人が全員デビューすることになる。そればかりではな
い。7月に開かれた「BMSG TRAINEE Showcase 2023」ではRUI、TAIKI、
KANONも著しい成長を見せ、BMSGの新世代への期待も膨らませた。この
状態をSKY-HIはどう見ているのか。

　すごい時期ですよ、アーティストが全員楽しそうっていう。どの
現場に行っても空気がいいこと、それを社長の自分が自信を持っ
て言えるという状態が最高ですね。悩みってあってしかるべきもの
だと思うんですけど、つらいのは何か悩むことじゃなくて、解決しよ
うのない悩みがあることのような気がするんですよね。ネガティブな
感情って、なかなか抜け切ってくれないので、そういうのがあると
やっぱアーティストはつらいんですけど、今のBMSGのアーティス

121

トに悩みとか葛藤があったとしても、とてもポジティブな悩みですね。ネガティビティーが極限まで薄い状況にできてるのが今のような気がします。ある意味、精神的無双状態ですね。こんないい空気が流れているときは、うれしいサプライズもいくつか起きてくるものなんです。

経営者として見たときに、この状態をどう捉えているのか。

　会社が会社になれるかどうかのフェーズだなと思います。この調子がいい空気や数字を再現可能なものにできるかどうかっていうのは、大事ですよね。そうしたタイミングだと思っています。

　ここまでBMSGという会社は、パーソナリティーで進んできたところがある。つまり、個人格のいいところで会社が動いていた。ここからは、組織としての決まり事や組織運営の部分で、しっかりと会社が動く仕組みを確立しないといけないと考えています。

　例えば、自分が２カ月くらいアジアの違う国にいても、会社のいい状態が保てることが必要です。これがBMSGが今やらなくてはいけない会社としての成長ではないでしょうか。少なくとも来年（2024年）は、僕自身がアジアに直接行かなくてはいけない機会が確実にくると思います。確定していることはありませんが、社長として、アジアでBMSGを浸透させるために行きたいと思っています。そうしたときに少し心配ですよね…。でも、この時代はどこにいても連絡も取れるし大丈夫なのかな。

いよいよ本格的な海外進出が始まるということなのだろうか。

　現実問題として、輸出（グローバルでの活躍）なくして未来はない

と思っていますし、そのためには、自分であれ BE:FIRST であれ MAZZEL であれソロアーティストたちであれ、ツアーで全国を回るようのと同じように現地へ赴く必要も当然出てくるでしょう。けれども、拠点はあくまで東京に置きたいし、東京からカルチャーを生成し、発信したいですね。

音楽業界の空気も変えたBMSG、3周年に思うこと

#マネジメント　#変革　#広がる共鳴　#心身の健康　#絶対的な安心
#人間的成長

「『自分の居場所はここなんだ』って強く感じて安心して
もらうこと、生理的安全性が完全に保たれていること、っ
ていうのは絶対に必要」

2023年9月18日、BMSGは設立3周年を迎えた。所属アーティストはSKY-
HIとNovel Coreの2人、社員は社長であるSKY-HIのみ、さらにスタッフが
2人という規模で始まったBMSGは、現在、23人のアーティスト＆トレーニー
と、50人弱の社員が所属する規模にまで拡大した。ソロアーティストは10月
6日に『BUTTERFLY』でメジャーデビューを果たしたREIKOを含めて5人、グ
ループではBE:FIRSTとMAZZEL、さらに、現在は3つ目のグループの準備も
始動している。

そうした組織との成長とは別に、BMSGの3年間の最も大きな功績の1つは、
「音楽業界の空気を変えた」ことにあるだろう。

「D.U.N.K.」などを通して果敢に取り組んできた事務所の垣根を越えたコラボ
レーションは、業界全体に波及している。高いスキルと音楽性を持ったBE:
FIRSTとMAZZELの存在は、ボーイズグループの世間の見方を大きく変えて
いる。また、CDの売り上げで作られたチャートに対しての問題提起もしかり。
BMSGに共鳴する人の輪がどんどん広がっている状況だ。

組織の成長は当初考えていた通りだったのかと尋ねると「ほぼ予定通り」との答えが返ってきた。一方、業界の状況には、「時代の追い風」も強く感じている。そのなかで自身の「強み」に対する自覚もあるようだ。

　BE:FIRST が『Gifted.』でデビューした頃は、『Boom Boom Back』みたいな曲のリリースがこれほど早く来るとは思っていなかったし、それは『Mainstream』もしかり。2 つ目のグループはもう少し早く世に出すつもりもあったけれども、少し後ろにずらしたことで MAZZEL にとってベストタイミングになったなと思います。

　手前味噌にはなりますが、特にダンス＆ボーカルに関して言えば、BE:FIRST や BMSG がいることで、これまでの日本のダンス＆ボーカルの閉塞感の打破だったり、ダンス＆ボーカルに求めるものだったりといった世の中の空気が明確に変わってきた。今後もそこには敏感でいたいです。ただ、BE:FIRST や BMSG が変えたと言うつもりはなく、「その象徴になれた」というのが正しいように思います。そこに至るにはたくさんの要因がありました。K-POP、特に BTS が日本に与えた影響もあるだろうし、w-inds. や DA PUMP などから脈々とつなげてきたバトンを受け取って今に至っている感覚もあります。

　世の中が変わるなかで、1 番の自分の強みだったのが「ものを作る才能があった」こと。もし、自分が忸怩たる思いがあって起業したとしても、それを形にするためにプロデューサー探しからしなくてはいけなかったら、大変だったと思います。例えば、「THE FIRST」のようなオーディションを立ち上げるにしても、外部の会社に依存した形式だったら 100％うまくいかなかったと言い切れる。「社長として」と「プロデューサーとして」を本気で両輪やることは、必要条件だったと感じます。

125

BMSGの存在自体がサプライズに

社長として、3年間アーティストたちと接して強く感じていることからは、「人」である彼らにとってBMSGがどんな場であるべきかを誠実に考える姿が見て取れた。

　「THE FIRST」の後、21年にBE:FIRSTがデビューし、22年にAile The Shotaがデビューして。23年に入ってから「本当にみんないろいろあるよね」と思うことが増えました。来年以降もそれは変わらないんでしょう。

　人間誰しもそうですが、特にものを作って世の中に出し、それを人から評価される職業は、心身にプレッシャーを掛け続ける作業が続きます。マネジメント事務所としては、「そういう仕事だから」と切り捨てるのではなく、より良い向き合い方ができる会社でありたい。一方で、苦しみやつらさがいいものを作ることもあるので悩ましいのですが、BMSGの社風としては、アーティストがノリノリでやりたいことをやれているという環境を大事にしたかった。アーティストが「本当に楽しい」「本当に満足している」という状況が作れたら、おのずといいものを作れるんじゃないかと信じたら、本当に最近いいものを作ってくれている。今は、24年以降に夢がふくらむ状態になっています。

　24年1月にはNovel Coreが日本武道館でライブをします。ソロアーティストとして、このスピードでここまでたどり着いたことは象徴的ですが、評価すべきは会場規模などの数字ではない。それより、どんな気持ちで、どういうことをやってここまで来たのかということのほうがはるかに大事です。それが今は全員、全く間違ってないと言い切れる。だから、来年はみんなの年になるんじゃないか

なという気がしていますし、そのときに改めて、BMSGという存在が
音楽業界に寄与できる「うれしいサプライズ」になれそうな気がして
います。

　その「みんなの年」を具体的に言うならば、ソロアーティストが
めちゃくちゃ売れていて、BE:FIRSTが今よりもっと売れていて、
MAZZELも売れていて、3つ目のグループがデビュー前から売
れているっていう(笑)。どれも具体的に想像できるんですよ。数字
につながる根拠が作れている状況です。

　ボーイズグループだけを作る事務所にするつもりは最初からな
かったけれども、狙っていなかったにもかかわらず、見事にソロアー
ティスト全員キャラが違ってみんな濃いのもすごくいい(笑)。日
本の音楽業界の歪さは、特にアイドル産業に顕著だったけれども、
そこだけの問題ではない。きちんとソロアーティストが成功すること
が、BMSGにとってマストな案件なことは変わりません。さらに
REIKOのデビューが決まったことによって(取材当時)、自分の中
でピースがそろった感覚は強くありました。それは、THE FIRST
の最終審査に進んだメンバー全員がデビューしたということだけ
ではなく、たぶん起業時に自分が夢描いていたものが現実になっ
てきていることに気づいた、というものです。

居場所と感じてもらうために

話は少し変わるが、昨今は精神的不調で活動を一時休止する芸能人も少な
くない。SKY-HIも常々、人前に出る職業を選ぶ覚悟について語ることがあ
るが、所属アーティストたちが感じている「心身のプレッシャー」にどう寄り
添っているのか。

127

最近本当に強く思うことは、「居場所だと感じてもらうこと」が本当に大事だなということです。デビューして4カ月のMAZZELのパフォーマンスが最近急に伸びた理由にも、「絶対的な安心」をしてもらっていることが関係していると思います。

　BMSGのアーティストのほとんどが、社会人経験がありません。だから、年齢にかかわらず、彼らを考えるうえで「子ども」っていうワードが、ある意味前提になっている。それは人間的な成長を語るうえでの「未熟」という意味ではなく、感覚として「子ども」の状態のまま社会に出ているという意味です。そうした彼らにとって「"寄る方"（よるべ／頼りにできるところや人）がある」って、すごく大事だと思うんです。「自分の居場所はここなんだ」って強く感じて安心してもらうこと、生理的安全性が完全に保たれていること、っていうのは絶対に必要です。

　何によって「自分の居場所だと感じる」かは、当然、人によって違うと思いますが、共通するのは、「何かあって話をすると聞いてもらえる」とか「寂しかったら楽しい気持ちをプレゼントしてくれる」とかなのかなと。そう思ってもらいたい。

　繰り返しになりますが、「アーティストが幸せでいられる会社」でありたい。だって、絶対に嫌ですよね。人々の喜びや幸せを生み出すアーティストやアイドルたちが、偉い人の顔色をうかがって生きなくてはいけないのは。絶対に良くない。幸せって安心から始まるって本当に思うんです。

日本のエンタメを更新したかった 2度目の「BMSG FES」

#BMSGFES　#変革　#ライブ演出

「BMSGが考えるエンタテインメントの形を打ち出し、
日本のエンタテインメントの更新をしたかった」

「BMSG FES'23」が2023年9月23日・24日に東京・東京体育館で、9月
30日・10月1日に大阪・大阪城ホールで開催された。昨年の初開催では、
BMSGの立ち上げからNovel Coreとの出会い、THE FIRST、BE:FIRSTの結
成など、2年間の足跡を中心に物語を紡ぎ上げるようなフェスだった。2度
目となる今回に新たに注力したのは何だったのか。改めてそのテーマから聞
いた。

　昨年のフェスは、まさにストーリーの回収のためのもの。そこま
で応援してくれていた人ほど、強くストーリーを体感できるエモーショ
ナルな良いものになったなと感じてくれたと思います。同様に、今
年もストーリーの回収は最低限やらなくてはいけないものではありま
したが、シンプルな回収以上に、BMSGが考えるエンタテインメ
ントの形を打ち出し、日本のエンタテインメントの更新をしたいと
考えました。

　日本で「エンタテインメント」という言葉を使うときには、どうし
ても派手な演出やフィクション性の強いもの、ファンタジーのよう

なものを強く意味しすぎているように思います。

　要は、フィジカルが抜けている。本来、エンタテインメントって、もっとエンパワーメント的な要素も含めて、人々の暮らしを良くするためにあるもので、現実逃避のためのものではないと思うんです。そのために必要なのが、マンパワー。つまり、人間が輝いている瞬間を高いレベル、高いクオリティーで作ること。起業当時から、そこはすごく頑張ってきたことです。

　具体的に言えば、ボーイズグループはニーズに合わせて作られたものを完璧に演じる人たちではなく、自由意志を持って表現したいものを突き詰める存在であるべきです。一方でソロアーティストにしても、全てにおいてナラティブ（語り手視点で語られる物語）が絶対に必要だと思います。だから、ストーリーの回収以上のものが不可欠でしたし、個々がナラティブを背負ったうえで、それをどう美しく映像に収めるか、その技術を更新していくかが、プレーヤーとスタッフが考えるべき今回の大きなテーマでした。

　フェスをご覧になった方々から、スーパーボウル（アメリカンフットボールの最高峰の大会である、NFLの優勝決定戦）のハーフタイムショーみたいだ、と言われましたが、それを狙ったというよりは、結果として近いものになったというほうが正しいでしょう。スーパーボウルのハーフタイムショーは、あくまでも音楽が中心にある演出なので、音楽を鳴らすことを大事にしたBMSG FESも同じ方向性のものであることは確かです。日本のエンタテインメントはそこが抜け落ちがちなので、真新しく感じていただけた結果、スーパーボウルみたいだと思っていただけたのでしょうし、自分としてもやりがいを強く感じます。

「映像」に挑戦し続ける理由

前述のように、今回注力した1つが「映像」だ。BMSGが映像にプライオリティーを置いていることは、アーティストのMV（ミュージックビデオ）や「D.U.N.K.」などにも現れているが、「今後もクオリティーの進化を続けていかなくては」と語る。

　K-POPがなぜ世界中にファンがいるのかというと、その一翼を担っているのが映像のクオリティーの高さです。もっとも、海を越えて広げるために映像が不可欠だったから、クオリティーが独自の進化をしたとも言えるでしょう。日本でも（グローバルを目指すなら）当たり前のようにやらなくてはいけないことのような気がします。

　今回のフェスで力を入れたのは、2つ。1つは、照明とかも含めて抜けたときの絵が面白いこと、もう1つはステージ上でのジンバル（動画撮影に使用する手ぶれ補正装置）撮影にこだわりました。「D.U.N.K.」ではドローン撮影をいろいろ試しましたし、今回も導入しましたが、今回、特に頑張ったのはジンバル撮影ですね。映画館や配信で見る人だけでなく、会場にいる人にとっても肉眼よりジンバル撮影のほうが臨場感があると思いますし、そうした映像のクオリティーが高ければ高いほど、最終的にはアーティスト自身の歌唱とかダンスとかのプリミティブな瞬間がより映えると思うんです。

ステージの裏側から間近でアーティストそれぞれのパフォーマンスを見たが、歌いながらカメラマンとコミュニケーションを取っている様子も印象的だった。

　カメラクルーにやる気になってもらうことは大事ですね。そうでないと、こちら側のオーダーも多くなるし、修正も大変。実際に怒号や罵声が飛び交う現場も少なくないと聞きますが、そんなことをせず

に、楽しく忌憚なく意見交換できる空気作りは大事にしました。リハーサルで、勉強がてら来ていた若いカメラマンが入ったんですが、僕は結構気を使うほうなんで、相手の顔色をうかがいながらいろんなオーダーを出していたんです。そうしたら、「もっとくれ」みたいな顔をしていたので、ぐいぐいお願いして（笑）。リハ段階で何回か失敗もするんですが、「もう1回」とポジティブな空気感でできたうえに、すごくキラキラした目をしていたんですよ。そのまま本番の全公演、彼にお願いしました。

　そうしたコミュニケーションが嫌な空気にならずにできるのは、自分の性格もありますが、BMSGが起業から数年の会社であること、アーティストも若い新人が多いっていうことなどもプラスに働いていると思います。あと、アーティスト本人も、いいものを作ることに対してみんな前向きで、自分は「大人の文化祭」という言葉をずっと大事にしているんですが、その空気でできていることも大きいと思います。自分のマネジメントが成功していると誇れる部分でもありますね。

会場の天井からは、BMSG EASTチームの陣地であるステージ上手には大きな太陽、BMSG WESTチームの下手には月のモチーフが飾られていた。映像には皆既日食のようなモチーフも出てきた。EASTとWESTの2チーム制、それぞれの楽曲やMVなどに隠された裏テーマは何だったのか。

　見ている方には伝わらなくてもいいものですが、プロデュースにあたって設定したものはあります。太陽の国と月の国の2つの世界に住む人々がいるけれども、彼らは決して交わることがないままそれぞれに暮らしているんです。でも、60年に1度、月と太陽が同時に上る日があり、その時だけは両方の住民が邂逅し、大きなお祭りが開かれるんです。EASTとWESTのチームは、それぞれ

太陽の国と月の国を代表して、コロッセオみたいな場所で開催される何かの対抗戦に出ているようなもの。戦う、というよりはJリーグやNBAのオールスター戦っぽいイベントですね。

　こうした設定を、ライブを担当するチームとの打ち合わせで共有して、みんなに動いてもらいます。チームとしての経験が蓄積されてきたので、自分が関わらないと進まないことも減ってきましたし、今、本当に助かっています。

　あと、強力なスタッフが最近クリエーティブディレクターとして正式にBMSGに加入したことも大きいです。前回のフェスの際、終演後の帰り道でもお客さんにライブの世界観を感じてほしくて、壁にプロジェクターでイメージ映像を映し出したり、提灯を掲げたりしたんですが、その手伝いをしてもらったところから関係が始まって、そのときは外注スタッフとしてお願いしたのですが、フェス後、「天啓がありました。僕はもっとBMSGにコミットしなくちゃいけないと思ったんですけど、何か手伝えることはありますか?」と言ってくれて。それで軽くお願いごとをしてみたら、「クリエーティブディレクターってこんなことができるのか!」が本当に多くて。クリエーティブに関して、自分のタッチ数が半分になって、自分のタッチポイントが2倍になった感覚があります。

　今回の設定を太陽の国と月の国にしようと思ったのもそのスタッフとの会話の延長だし、僕が設定を話すと、「邂逅するのは何年に1回ですか?」「どんな祭りですか?」と質問してくれるからいろいろ具体的になるし、それを膨らませたアイデアを出してくれる。設定を話した翌日に軽いスケッチを出してくれるのも、イメージのすり合わせができるのでありがたいですね。

133

23年の手応えで来年以降に自信

約5時間にも及んだライブだったが、あっという間に時間が過ぎた。シームレスなセットリストにもその理由がありそうだ。

　予定より長くなったのは、いざアーティストたちがステージに立つと、しゃべりたいことがたくさんあったようで。それはうれしいことですが、単純計算で23人全員が2分多く話すと46分延びるわけです（笑）。

　セットリストを作るときに大事にしたのもナラティブであり、あとはシームレスであることでした。コアやShota（Aile The Shota）のパートはそれぞれにおまかせしながら、最初と最後だけは極力前後とシームレスにつながるように調整して。面白いコラボ曲がまだいっぱいあるので、こうしたシームレス性は、まだまだ進化してくんじゃないかな。

気が早いかもしれないが、今年のBMSG FESの手応えを得た今、来年以降はどんな形にしようと考えているのだろうか。

　前回は、フェスを意識してそれまでの2年間を進めてきたこともあって、起業からそこまでのルートが正しければどう転んでもエモくなりますし、企画に2年間を費やして来られたわけです。でも、今回は思い描いていたストーリーを現実にするだけじゃなくて、現在進行形で起こっているストーリーをステージに投影していくっていう作業になるから、そこは大変でした。それでもあのクオリティーのものが作れたので安心しましたし、当面の強みになると思います。よし、毎年できるな！と。

来年はどういう形にしようかなあ。既に企画自体は具体的なものがあるので楽しみにしていてください。BMSG FES は、どこか特定のチームの集客力に依存せず、全体のお客さんが来ている状況を作る必要があるので、もし会社として信用を得て使えるとしても、ドーム規模での公演はまだタイミングではなさそうです。自社フェスなのにオーバーキャパに感じてしまうアーティストを作るのは、もう健康的じゃないと思うからです。

　来れる人を増やしたいのは確かなので、アリーナ規模でも、ものすごくタイトにして、昼夜2公演でやってもいいかもしれない。その場合、フェスでしか見られないコラボを中心にして、1アーティストのオリジナルは1～2曲ずつにし、2時間くらいノンストップで見せるとか。ずっとクライマックスって感じでスピード感もあるし、悪くないかもなあ。

　もちろん、様々なキャパシティーが成長するタイミングが出てきたりすれば、BMSG FES 自体の在り方が変わると思いますが、少なくとも来年は、今の「皆でやる」ファミリーコンサートのスタイルを継続しようと思っています。

135

2度目の「BMSG FES」、
EASTとWESTで分けた理由

#BMSGFES　#遊び心　#チームの人間関係　#コミュニケーション
#いい空気感

「オールスター戦のようなシンプルな遊びの空気感を
作りたかった。特にグループに関しては、既存の関係
値を極力壊したかったこともある」

2023年9月23日・24日に東京・東京体育館で、9月30日・10月1日に
大阪・大阪城ホールで開催された2度目の「BMSG FES」。今回は23人に
増えた所属アーティストを出身地によって「BMSG EAST」「BMSG WEST」の
2つのチームに分けた。かつてあったJリーグのオールスターのような、わく
わくするような非日常感を狙ったという。

　この分け方をしたのは、オールスター戦のようなシンプルな遊
びの空気感を作りたかったからです。普段違う活動をしている人
が一緒になるのもいいし、逆に、普段一緒の人が別々になるのも
いい。僕自身が1番のBMSGファンだと思っているので、自分が
わくわくすることは、だいたいのBMSGファンやフォロワーにわく
わくしてもらえるだろうという妄信もあります（笑）。自分が心からわく
わくしたものは間違いじゃない、っていう。

　特にグループに関しては、既存の関係値を極力壊したかった
こともあります。昨年（22年）のフェスでは15人で『New Chapt

er』という1つの曲をやったことで「BMSG全体で仲間」という意識を作れましたが、人数が増えたなかでこれをやると、結局すでに関係値の深いところで固まってしまいそうだなと思い、2つに分けてごちゃ混ぜにしました。

　結果的に、これまでないコミュニケーションや関係値が生まれて、とても良かったです。いろいろなつながりが生まれただけでなく、本人たちそれぞれにも変化が見られました。

　印象的だったのは、HAYATO（MAZZEL）が大きく変わったことです。めちゃくちゃ楽しそうで、表情も明るくて、とてもうれしかったです。東京の初日が終わったときに、すごく楽しそうに走って僕のところに来てくれて。（BMSG最年少組の）RUIかTAIKIかな？と思って見たらHAYATOだったので驚いて。でも、よく考えたら彼らとHAYATOは年が近い、少年なんですけどね。それで僕に、「めっちゃ楽しかったです！」って言ってくれたのがすごくうれしかったし安心した。その後ろで、HAYATOが落とした財布をRAN（MAZZEL）が拾ってたんですけど（笑）、普段のHAYATOはしっかり者なので、そんな面まで見せてもらえて余計にうれしかったです（笑）。

　そういうメンタルの状態ができると、公演ごとにパフォーマンスが良くなります。最終日のRANは、会場に向かって「まだ踊れるかー！」みたいな、今まで聞いたことのないあおりをしていて、裏で「コア（Novel Core）の影響かな？」とかみんなで言いながら見ていたんですけど（笑）、あれはまぎれもなく「新しいRAN」でした。

　逆にRYOKI（BE:FIRST）はストロングスタイルのあおりだけでなく、コミュニケーションのバリエーションが本当に増えて、特にすてきだと思ったのは、かわいげや面白さすら出てきた点です。東

京公演では「みんな拳を挙げてー、胸に手当ててー!」って叫んでいて、それ自体の意味はさておいて、勢いに持っていかれてめちゃくちゃ上がりました（笑）。大阪の最終日には、「なんとかでーなんとかでー」って自分がしゃべった後に、「あれ?なんだっけー!!」って叫んでいたのも最高に面白かったし、『Shining One』の「Can you feel it?」の部分で「みんな家族」って言ったのも、表情も含めてすてきだったなあ。

メンバーに関しての不安は今はない

ステージを見た個人的な感想としては、初ワンマンを11月に控える16歳のedhiii boi（以下、エディ）が、ステージングの途中で積極的にカメラに指示を出している姿も印象に残った。

　大人の振る舞いってすごく見られているし、カメラマンに対する接し方とかも若い子たちがまねするところがあるので、気をつけなきゃなって思います。そういう意味では、身近な大人が俺でよかったなと思いますけど（笑）。エディ、かわいかったなあ。そういえば（RUI、TAIKI、エディが参加するSKY-HIの楽曲）『14th Syndrome』に今回RYUHEI〔BE:FIRST〕が入って、久しぶりに同世代でそろったのもエモポイントでした。エディは、24時間愛を与えても足りないような眼をするのでよく胸が締め付けられるのですが、その求愛精神がパフォーマンスにいい方向に作用しているのも確かです。

　皆いい感じにいい方向に向かっているのは確かなので、メンバーに関しての不安は今、おおむねないです。もちろん「エディはちゃんと学校に行ったかな?」「RYUHEIは高校を無事に卒業できるかな?」「車の免許を取ったSHUNTOは運転大丈夫かな?」

2度目の「BMSG FES」、EASTとWESTで分けた理由

とかのレベルだとありますし、もっと大きな話で言えばMAZZELの
リリースやREIKOのデビュー が 近づき、RUIやTAIKIや
KANONも刻一刻とデビューが近づいてきています。 他のプロジ
ェクトも全てが大事な時期です。現実問題として、空気だけでな
く数字も作らなくてはいけないこともある。 人間である以上、不安や
考えなくてはいけないことは無限にありますが、それでも23人いてわ
くわくがこのレベルなのに対して不安がこの程度なのは、すごくい
い状態ですね。

**この公演全体を見るプロデューサーであり、自身はプレーヤーとしてステー
ジにも立ったSKY-HIが、個人的に注目したポイントは?**

　難しいですね(笑)。Aile The Shota(以下、Shota)のパートの
前後のつなぎは結構好きかもしれない。ShowMinorSavage(Shota
とBE:FIRSTのSOTA、MANATOのユニット) が終わったと思ったら、も
う1度出てくるとか、Shotaのパートが終わったと思わせて、(THE
FIRST時代のTEAM Cの楽曲)『YOLO(You Only Live Once)』が
始まるとか。

　BMSG FESの映像を見直すと、本当にShotaって面白いんで
すよ。 アーティストの面白さって、当然いろんな側面にあると思う
んですけど、普通はこうした大人数が出るライブでは、2面くらい
が出れば十分だと思うんですよ。

　例えばマンガとかだと、登場人物のキャラクターってざっくり一
言でまとめられるものが多いと思うんです。でも実際の人間の場合
は、絶対的な性格と相対的な性格があって、つまり個人的としての
その人と集団の中でのその人という側面が出てくる。同時に、特
にグループ活動の場合は、関係性を語ったりしてその人自身の

性格が第三者の言語によって固定化されてしまうことを、僕自身、危惧しながら進めている部分もあります。でもShotaの場合、全くそれに当てはまらないんです。4〜5時間のライブの間、Shotaはいろんな顔を見せる、常にえたいの知れない存在なんですよ（笑）。

ShowMinorSavageで出てきたときから面白くて。だって、あの3人、現実にいたら絶対仲良くなりそうもなくないですか？全身白の細身の金髪の人（Shota）と、（『アンパンマン』のキャラクターの）あかちゃんまん（SOTA）とネルシャツのおしゃれな大学生（MANATO）ですよ（笑）。もう『池袋ウエストゲートパーク』なんですよ。その組み合わせがステージにいる時点で僕らは裏でゲラゲラ笑っているんですが、それが終わってステージから下がったと思ったら、すぐにShotaだけ、トップスを羽織ってサングラス姿で出てくる。さらにShotaのパートが終わったと思ったら、高校生も含めた若いメンバーたちと『YOLO』を歌うんです。フェスの最後のほうの『D.U.N.K.』のダンスサイファーでのShotaも最高でした。改めてShotaはすごいなとなりました。

期待は裏切らないけど、予想はさせない

Shotaの話が長くなりましたが、つながりだけでほかにもいろいろありますね。BE:FIRSTの『Boom Boom Back』から自分の『Crown Clown』パートにつながっていくところとかも気持ちいいですね。チェイサーをチェイサーにしないというか。で、それが生きてくるのは、MAZZELの『Vivid』からBE:FIRSTの『SOS』がいい意味で普通にチェイサーつなぎなので、もう1回それが来るのかなと思ったら、不意打ちでフルバンドが来るという意外性を狙っていて。今回は全体的に「期待は裏切らないけど、予想はさせ

140　　　　　2度目の「BMSG FES」、EASTとWESTで分けた理由

ない」みたいなバランスを特に意識したので、そこは作っていて楽しかったですね。

　『Brave Generation -BMSG United Remix』で、RAN が階段を上っていくと、ステージ後ろから MAZZEL が登場する感じも、自分で作ったときに感動してしまいました。ちょうどフェス関連の曲をいろいろ作っていて、『Brave Generation』の作業が終わったのは、確か明け方だったかな。「これだ！俺がやりたかったのはこれだ！」って思って、すぐ Shota にも送りました。「こういう演出でこうなって、RAN が階段上って振り返ったらみんないて、全員で階段降りてくる」みたいな。「俺、泣くと思う」って（笑）。でも悲しいことに、そこもそうだし、REIKO が『One More Day』を歌っているときに、（一緒にトレーナー生活を送っていた）RAN、SEITO、KAIRYU が登場するところもなんですけど、作ってる間に何回も泣いてるから、本番はもう慣れてるんですよ。それが悲しい（笑）。

　本番は本番で考えなきゃいけないこともあって、それどころじゃないんですよ。自分もプレーヤーとして出るし。プロデューサーでもあるので、泣いてる暇はない。もちろん公演のたびに感動しているんですが、ショーを続けなくてはならないから。結果、自宅で作ってステージを想像しているときが一番純粋に泣いているという。ちょうど毎日 REIKO の発表やコンテンツで毎晩泣いていた時期でもあるので、REIKO がこれを聴いたら絶対泣いちゃうよなとか思いながら作っているときもエモーショナルでした。

　あと、あのリミックスを作りながら、「俺、SEITO に言ってほしいことを SEITO っぽく書くのがうまいかも」と思いました。音域もそうですが、言葉遣いも。「夜は寝れてるの、無理なら行くよ」というストレートな歌詞は、自分の曲では絶対に書かないけど、

141

SEITOはこの感じが一番合うし、SEITOの声だったら絶対、胸にすごく響くなあと思って。SOTAやRYOKIもアテ書きしやすいんですが、SEITOのパートを書くのも、すごく得意だし、好きですね（笑）。

143

講演

2023年7月20日 | 日経クロストレンドFORUM 2023より

続・音楽ビジネス革命
「嘘がつけない時代」のファンとの関係

2023年7月20日に登壇した「日経クロストレンドFORUM 2023」のテーマは「続・音楽ビジネス革命—『嘘がつけない時代』のファンとの関係」。22年の同講演で、「今の時代のヒットに必要不可欠な要件は『嘘がないこと』」と語ったSKY-HIに、ファンとの向き合い方について聞いた。（聞き手は吾妻拓 日経クロストレンド編集委員）

——5月に東京・代々木第一体育館で「SKY-HI ARENA TOUR 2023 -BOSSDOM」を拝見しました。エンタテインメントとして際のないステージ構成と演出、そして迫力に感動して帰途に就いたのですが、MCでの最も印象的な言葉の1つが、「BMSGは、あなたたちと一緒に時代を変える」という宣言でした。その強烈なメッセージに鳥肌が立つ感じすらしましたが、なかでも「あなたたちと一緒に」という部分はSKY-HIさんの考え方を象徴しているんじゃないかと感じました。アーティストとしてのSKY-HI、社長としてのSKY-HI、それぞれにとってファンというのはどんな存在になるんですか？

　よくこういった話題に対して、特に経済系のメディアさんですと、いわゆる「ファンダムの力」をメインにされると思います。ビジネス視点としては間違ってないと思うんですけど、正直、ちょっとミスリードな部分もあるなとは思ったりするところもありますね。というのも、要は「ファンが能動的に数字を作れる時代」である。これは確かだと思うのですが、そのためにするべきことって、例えば「需要」や「マーケット」といったものが存在する場所を狙って石を投げていく作業ではないと思うんです。アーティストが「その人でないといけない理由」——おそらく人の数だけあると思いますが、音楽が良い、歌がうまい、ダンスが

144　　　　　　　　　　　　　　　　　　　講演：日経クロストレンドFORUM 2023

うまいだけでは理由にはならないですし、逆に人間的な魅力だけでも理由にならない。アーティストおよび社長として所属アーティストに求めるのは、その両方ですね。両方ないと絶対にダメだと思います。

　アーティスト、アイドル、芸能人を好きになるときの「その人でないといけない」と思うきっかけもまた、人の数ほどあると思いますが、僕らからすると、それに対して甘えた作業をすればするほどカルチャーとかシーンとしての力は弱まっていき、結果として、荒廃、衰退、殺伐といった空気感がついて回ってしまうと思います。特にこれからの時代は、アーティスト、アイドル側がファンを啓蒙する側面が絶対になくてはいけないと思います。「実際に数字を動かす存在としてのファン」と「この人でないといけないと思わせる力を持つアーティスト」という両者の相互作用が不可欠です。アーティストがやっていることは当然ファンの方にはできないことだと思いますが、同様にファンの方がやってることもアーティストには絶対にできないことだと思うので、両者の関係性は甘えずに作っていくべきものだと考えています。

――ファンを啓蒙していく場として象徴的なのがライブですよね。SKY-HIさんは以前、「アーティストはファンとライブのステージで会うのが1番正しい」とおっしゃっていましたが、BMSG所属のアーティストの方々のMCは、ファンの方々に対して1人の人間として一生懸命メッセージを伝えようとされている印象があります。

　まさしくそれは、両者の「健康的な関係」として絶対に大事なことのような気がしています。「ファンあってのアイドル」みたいな言葉ってありますが、あれはどこにとってもいいことがないなと思うんですよ。ただ単にファンの方に喜んでもらうことのみがゴールになってしまうと、アーティストの自意識と乖離してしまうのが1つ。アートやパフォーマンスって本来全ては自意識から発露するものだと思うんです。「こういった表現をしたい」「音楽をこう表現したい」「こういう曲を作って、こういう存在としてステージに立ちたい」という気持ちと乖離してしまう。ステージ上でも、ものすごく丁寧なパフォーマンスをするよりも、ファンの方々と目を合わせたり手を振ったりとかしたほうが即時的には盛り上がって

いるように見えますし、された方は当然うれしいですから。それがすごく大切で同時に破壊力があることだと分かっているからこそ、そこにお互い依存することで歪な関係が生まれてしまうと、音楽に向かう気持ちが双方共に薄れてしまう。

ファンの方がライブに行くモチベーションが手を振ってもらうことになってしまい、アーティストの最大のミッションが手を振ることになってしまった場合、薄くなっていく、揺らいでいくものがあることは想像いただけると思います。アーティストもそうした手を振るだけで盛り上がるみたいなものを成功体験として体に刻み込んでしまうと、心からのコミュニケーションを1対1で取るのではなく、客席にいる方々に対してざっくりとした「ファンのみんな」みたいな認識になってしまうんですよね。「ファンのみんな」っていうワードってすごく乱暴というか、人によってアーティストにかける思いもお金も年数もバラバラだと思いますし、アーティストがそれぞれに思いを馳せるのは最低限集まっていただいた方に対する礼儀のように思います。その気持ちがあると、個々人として向き合ったうえで感謝できるのではというふうに思っています。それは絶対に必要なことです。何か礼節みたいなところに近い気がしますが、本当にそれに尽きるかな。

——なるほど。ファンの気持ちを想像し、真心を込めてメッセージを放つという。そのときに、共感してもらえるポイントみたいものは、どう探ってるんでしょうか。

これは前回の登壇時（22年）にお話ししたこととつながるのですが、とにかく「嘘をつかないコミュニケーション」をする場合、自分のアウトプットとファンが刺さるポイントが、コアファンであればあるほど合致する点が多いと思います。あとは、普段から強く思っていること、信じていることをライブの高揚感に自分が身を任せて、そのままより強くストレートに発すると、結果として共感を生むことになると思います。言葉や心の服を脱ぐことが、アーティストがする責務です。

今はニーズの多様化も広がっている時代で、アーティストにとっては

146　　　　　　　　　　　　　　講演：日経クロストレンドFORUM 2023

素晴らしいことだと思うんですけど、そのなかで「嘘をつかなくていい」というのは本当にあると思うんですよね。例えば、アイドルだからこうしないといけない、アイドルだからおそろいの衣装で常に笑顔で、辛いところは見せちゃいけないみたいな価値観は、おそらく平成の末期に全部忘却の彼方に置いていったように思うんです。今の時代は、自分がどういう存在であるかということを、普段から嘘をつかずに発することができていると、自ずと共感が生まれるんじゃないかなと思います。例えば自分がエリンギなのに牛肉だと偽ることをステージで求められてる時代は本当に長かったと思います。でも、今は「エリンギはエリンギでいい」という時代なんです。自分を偽って「振り」をするのはかなり大変です。大変な思いをして牛肉の振りをしても、みんなちょっと気づくんですよね。「あいつ、牛肉じゃなくてソイミートじゃない?」って。そうなると個人の数字も伸びづらいし、うまく偽装したつもりでもバレる時代だと思いますよ。

—— 嘘をつかないことで、どんどん共感してもらっていった先にあるのが、BMSGが運営するオンラインサロン「B-Town」ですね。これは本当にコアなファン、強く共感してくれたファンが集う場所の1つだと思いますが、月額5000円の「Architect」コースに1万人超の会員がいらっしゃる。以前は「オンラインサロン的なファンコミュニティ」だったのが、今は「オンラインサロン」と呼ばれていますが、この違いはどこにあるんですか?

　大きく2つあって、起業した頃、オンラインサロンっていう存在への風向きが、ちょっとネオリベラルなものになりすぎていたので忌避した。でも、今はブームが終わった感じがするんで、気にせずに「オンラインサロン」と言えるようになったというのが1つ。もう1つは、ファンビジネスであることと啓蒙の側面のどちらを強く持っておくべきなのか悩んでいたんです。間を取るのが正解かなと思っていた時期もあるんですけど、ファンビジネスと啓蒙では需要も供給もだいぶ異なるものになります。これでは統制がつかないなということもあり、腹を決めてオンラインサロンにしました。

147

オンラインサロンにした以上、学びのあるものにしていく必要がありますが、それに対する自信はあるかもしれません。自分が知っている芸能における、今までの当たり前とこれからの当たり前とか。社会全体がだいぶ激しく移ろっている時代だと思います。そのときに、どういったマインド、どういったメンタリティーで、どういった行動を起こすと、どういったことが生まれていくのか。なぜそう言い切れるのか、そしてその先で自分が何をしようとしているのかっていうのをお話しし、コミュニケーションする場所を作ることによって、同じメンタリティーの方が増えていくと追い風が強くなっていくと思います。

　アーティストやスタッフって0から1に火を起こす作業はできるんですが、やっぱり風が吹かないと起こした火が消えてしまうものです。風を最初に起こしてくれる存在は、絶対に必要および大事だと思っていましたから。そういった 思想と言ってもいいんですけど、メンタリティー、マインドセットみたいなものを共有できる方を増やしていきたいという気持ちは、自分には強くあります。

——BMSGにはアーティストごとにファンクラブがあって、それとは別にこの「B-Town」があるわけですが、中身としてはどんなことをされてるんですか?

　いろいろありますが、1番最初に加入者を多く増やしたきっかけになったのは、パフォーマンス解説であったように思います。 サッカーの試合とかを見ていると、ろくにサッカーもしたことないのにあいつ下手くそみたいな、ここで外すなんてどういう練習してんだ！みたいなのってあるじゃないですか。あれはアーティストでもあるあるで、特にオーディション番組だと、参加しているのはまだ素人の方々だから、見ている方もパフォーマンスに対して「ここが良かった」「ここが良くない」を言いやすいんですよね。実際にパフォーマンス の映像はYouTubeに切り出されているので、それを改めて見ながら「番組で自分はこういうことを言ったけれど、この部分のここが素晴らしい」と細かく解説するんです。このパフォーマンスをひたすら解説する作業が、最初に数字を伸ばすのに寄与したような気がします。

——よくインスタライブのような動画配信もされていますね。

　そうですね。これは主に、プロジェクトや制作の裏側の話をしていますね。芸能の仕事って、これまでは表に出たものが全てという時代が続いていたと思うんですが、嘘がつけない時代であると思うので、実際に1つの仕事が行われたときに裏側ではどういうことが行われていたのかを、限りなくリアルタイムに近い形で、提供および共有できるのがB-TownのArchitectコースかなと思っています。基本的には自分のオンラインサロンではありますが、結局自分はBE:FIRSTの仕事もMAZZELの仕事もソロアーティストの仕事もトレーニー育成も見ているので、各種の裏側が見られるわけです。

——私も実はArchitectに加入していて、これは本当にBMSGという会社をブランディングしているんだなと思いながら拝見していますが、そういうことでしょうか。

　それに近いと思います。会社自体のプレゼンスを高めるためです。起業当時、オーディション「THE FIRST」が始まって『スッキリ』（日テレ系）さんで放送されてたときって、毎週のように自分がどんな思いで会社を立ち上げてという映像が、30秒とか1分とか短い時間ですが放映されていたことはありました。いざ人気アーティストが誕生すると、その人気に人は吸い寄せられていくので、数字は伸びていきます。それと同時に、彼らや彼らが所属しているこのBMSGという会社の意識、思想、どこから来てどこへ向かうのかなどが共有されればされるほど、ただ単にはやっているから聴いているところから、それこそ人生を共有できるパートナーシップが生まれたりしていくと思いますし、彼らの活躍が単なるブームや一発屋といったものではなく、ムーブメントになって、カルチャーになっていくことにつながっていくと感じています。

　人気アーティストを作ってお金を儲けたいみたいな気持ちははなからないんです。それよりも今、皆さんも感じていらっしゃると思うんですが、芸能界ってぐちゃぐちゃなんですよね。昭和平成にかけてもぐちゃぐちゃだったし、今もまだずっと続いていて、それを完全に塗り替えたい。

人が人と仕事をしている以上、ありとあらゆる問題が0というのは難しいと思うんですけど、それを確実に善性の高い方向に進めたい。何のためにかと言うと、あえて小学生みたいな言葉で言いますが、音楽を志している方々が夢と希望に向かって、明るく、仲良く、楽しく活動できる状況をまず作りたいですね。それを作れれば、結果、いいものが生まれる。やっぱりそれをやりたいので、不退転の思いです。

——まさに「音楽ビジネス革命」そのものの気がしますね。そうした状況を作ることをファンの皆さんと一緒にやっていきたいのでしょうが、今後どのようにファンとの共創を進めていこうと考えていらっしゃいますか?

　まず1つ補足させてください。先ほど言った「火を起こしても風が吹かないと大きくならない」みたいな話で言えば、今はファンの方の力が数字で可視化される時代にもなっています。よく経済系メディアで言われるようなファンダムの力、推し活の力みたいなことだと思いますし、それはすごくポジティブな側面としてあります。しかし一方で、ずっと続いている芸能界がぐちゃぐちゃな状態って、ファンの立場だった方に責任がないかというと、あると思うんですよね。悲しいことですが、確実に。アーティストの方の中には、精神的に芸能活動を続けることを選べなくなる方も少なくないと思いますが、その原因の大きいものとして、スタッフだったりファンの方だったりファン以外の方だったりとの関係があると思うんです。

　そうしたことも考えないといけない状況が前提としてあったうえで、どういった形でファンの方々とご一緒していくのが美しいのかを考えると、今後も嘘がない打ち出しを続けるということしかないですし、そのためのアウトプットであったり、そのためのB-Townであったりにつながるかなという気がします。だから今回も、実は前回のテーマだった「嘘のないエンタテインメント」というものに帰結しているのかもしれません。

——その「嘘のない」というSKY-HIさんのお考えはBMSGに所属する皆さんに伝わっていて、どんな映像を見てもお話を伺っても、響いてきます。きちんとビジョ

ンを社員や所属アーティストに伝えて、その方たちが実行していくっていうのは非常に大変なことだと思いますが、どのように説明し、腹落ちさせているのですか。

　どう考えているのかを伝える機会は少なくないですし、何より自分のステージをアーティストは見ていたりもするので、提案、実践、フィードバックみたいなことはこまめにできているとは思います。これはスタートアップ企業の強みだと思うんですけど、そもそもスタート段階で強いミッションなりビジョンを掲げて、それにフィールした方だけがオーディションを受けてくれていることはあると思います。

　いろんなオーディションがあり、いろんな芸能事務所があるなかで、当時うちのオーディションを受けてくれてる方々です。しかも、今でこそ目に見えた数字を残していますが、当時は1芸能人ですよ。それが実家からの配信で「会社を作ってオーディションやります」って言っても、うまくいかなそうじゃないですか（笑）。あれに何か感じてくれるタイプの方っていうのは、やっぱりもともとそういう素養の強かった方がそもそも集まってきてくれたというのがありますよね。

──今後の「音楽ビジネス革命」は、どう展開していきますか？

　最初に自腹で1億円以上使ってオーディションを立ち上げ、そこで得たのは信頼です。それがクラウドファンディングの4億5000万円になった。次はまたその4億5000万円を全部掛けたら、それが10億円になる。次にその10億円を全部掛けて、20億円になる…っていうのが今のフェーズなんですが、今、また投資したいものが見つかってはいて。2つあるかなという気がしています。1つは現存のアーティストに対するもの。自分を含めてファンの方が、アーティストのファンをやっていて楽しくなる展開に投資していきたい。そして、もう1つが育成です。ワードにするとそんな大したことなかったですね（笑）。

　3つ目のグループの予定も当然あるんですが、やっぱりすごいことにはしたいので、リーチを最大に増やすためには、今のBMSGならどう

いう方法が取れるかを考えたいですね。とはいえ、今年MAZZELがデビューしたばかりで、まだ3つ目のデビューがいつ頃かというタイミングでは当然ないです。同時に言うと、デビュー前の時期というのは、失敗ができる唯一の時期なわけじゃないですか。なので、トライはいろいろしていきたいなとは思っています。例えば楽曲を作ってみて「ちょっと違うかな」と思ったらリリースしなければいいだけの話。トレーニーだから「最近リリースないね」とも言われるわけではありませんし。だから、何でもやってみればいいと思っています。

――もう1つ、BMSGの描く将来像には「世界」というワードもあります。

　そうですね。動線は割と明確にありますし、そのために必要なことも見えてはいるので、そこはしっかりとやっていく予定です。相当大変ですけどね。アメリカ在住のスタッフがいるんですが、エリアを分けたときに、アメリカから見ると、東南アジア、東アジア、日本となり、日本は東アジアの1国というよりは、良くも悪くもですが、カルチャーも政治背景も流行も分断しすぎていてガラパゴスの極地なんです。日本で何か物を売ろうと思ったら日本用にしないといけない。そういう意味で、日本への輸出に手こずっている海外も少なくはないと思います。K-POPにしても、韓国語曲で米Billboardの1位が取れるのに、日本市場だけは日本語歌詞を歌って、「日本デビュー」というものが存在している。そうやって、日本で売るときは日本語にしないといけないことが割と象徴的な気がします。逆に、日本発で世界的にヒットするのは、YOASOBIの『アイドル』みたいな楽曲です。僕はあの曲が大好きなんですが、文脈的にはアニメおよびアニソンみたいなところの強みなのかなと思います。海外の人と会って「日本の音楽です」と自己紹介しても、「何のアニメの主題歌ですか?」と返ってくる時代ですから。

　でも動線は見えました。今年に入ってから「これだ」っていうのが思い浮かんだので、今年、来年にトライして、20年代中頃に何か明確な実績が生まれればいいなと思っています。

——最後に「BMSG FES'23」について。今年はどんなフェスになりそうですか?

　結局、ライブエンタテインメントを作るうえで成長させたい部門は、もう無数にあるわけです。今回はライブ収録、つまり映像技術の向上を図りたいため、会場が屋内である必要がありました。同時に、つい先日、「BMSG EAST」と「BMSG WEST」という追加アーティストを発表しました。全アーティストを出身地で2つに分けたんです。なんか遊びたいんですよね、どうしても。1年目の「BMSG FES」では「THE FIRST」からのBE:FIRSTとソロアーティストらの強い絆を発露させ、そこにNovel Coreもいて。2年目の今年は新しくMAZZELという仲間ができ、トレーニーを含めて新たに8人が「BMSG FES」に入ってきます。そうなると全員で作りたいじゃないですか、本気の文化祭を(笑)。才能あふれる人間たちが集まった 本気の文化祭をやり続けます。それで、やっぱり楽しいんですよ。文化祭前に夜に学校で居残り作業とかしてると仲良くなったりするじゃないですか。そういうことが生まれるんです。

　あと何が面白いって、バックボーンが違いそうな人が一緒なのが面白いですよね。 実際にリアルな学校での文化祭の手伝いとかになると、率先してやりそうなタイプに、やらなそうなタイプ、準備することを知らされてないタイプ、むしろ企画立ててやっていくタイプとか。いろんな人が集まってやれているのはなぜかって言ったら、みんな音楽が好きで、その音楽に基づいた企画ができているからだと思います。

PART 3

2024年のBMSG

2024

01/17	Novel Core が初の武道館公演を開催
02/13	「BMSGから音楽業界を持続不可能にしないための提言」を発信
03/02,03	BE:FIRST が初の東京ドーム公演。 4月20日、21日には京セラドーム大阪公演も
04/15	2度目となるビジネスカンファレンス「Greeting & Gathering '24」開催
04/24	BE:FIRST がシングル『Masterplan』リリース。CD製造段階から プラスチック使用を大幅に削減、CDに付いていた特典を減らし、 その特典に値するグッズを直接販売することなどの試みを試験的に導入
05/01	SKY-HI が企画に参加した新音楽番組『Apartment B』の放送スタート
05/29	SKY-HI、Novel Core、Aile The Shota、edhiii boi、REIKO の5人による BMSG POSSE が『Girlfriend』を配信
06/01	MAZZEL が初の全国ツアー「MAZZEL 1st One Man Tour 2024 "Join us in the PARADE"」をスタート。全国8都市9公演
07/01	BE:FIRST と韓国の男性ダンス＆ボーカルグループ ATEEZ とのコラボ楽曲『Hush-Hush』を配信
07/02	Aile The Shota が初のワンマンツアーを 横浜・KT Zepp Yokohama からスタート。全国5都市5公演
07/20,21	BE:FIRST が ATEEZ の米ロサンゼルス公演に オープニングアクトとして出演。キャリア初の海外ステージ
08/28	BE:FIRST が 2nd アルバム『2:BE』リリース
09/18	BMSG が設立4周年
09/21,22,23	3度目となる「BMSG FES'24」をKアリーナ横浜で開催
09/23	3組目のボーイズグループオーディション 「THE LAST PIECE」の始動を発表
10/01,02	MAZZEL が横浜・ぴあアリーナMMで初のアリーナ公演。 10月15、16日には大阪城ホール公演も
10/04	ちゃんみなプロデュースのガールズグループオーディション 「No No Girls」の配信がスタート

ガールズオーディションは
より理想的に歩むための一歩

#新プロジェクト　#マスタープラン　#ノノガ　#ちゃんみな

「自分がこれまで諸々のギャップで苦しめられてきたに
もかかわらず、ジェンダーギャップの促進につながりか
ねないことをやってるんじゃないかという自責の念も感じ
ていた」

ガールズグループのメンバーを発掘するオーディション「GIRLS GROUP AUD
ITION PROJECT 2024『No No Girls』」（以下、「No No Girls」）が進行中だ。
既に応募は締め切られ、選考がこれから本格的にスタートする。本プロジェ
クトではBMSGがちゃんみなをプロデューサーに迎え、オーディションから生
まれたガールズグループが所属する新たなマネジメント組織をBMSG傘下に
設置する。

「No No Girls」のホームページで、ちゃんみなは「私は今まで沢山、様々
な場面で"No"と言われて来ました。それでも自分の魂の声を聞いて歌っ
て踊ってきました。私の様な経験をした方、または自分で自分に"No"と言
い続けている方、この"No"をどう受け止めるかは任せますが、様々な視
点やドラマがあったと思います。そんな皆さんの声を是非聞かせていただき
たいです」（原文ママ）と書いている。まずは協業に至った理由を聞いた。

　ちゃんみなとは年に数回ではありますが、会うたびに今回のよう

な形の話をしてきました。みな（ちゃんみな）のレーベル「NO LA BEL MUSIC」と自分の「Be MySelf Group（＝BMSG）」では、その看板にも現れている部分ですが、信念や理念、アートに対する考え方はもちろん、日本の芸能におけるストレスや問題意識も共通する部分が多い。みなを拒絶した世界と自分を拒絶した世界は、微妙に違うところに存在しているけれども、すごく近いところに在るんです。

　自分はちゃんみなを「最もBMSG的なアーティストの1人」だと思っていますが、同時にみなもBMSGの理念やビジョンに強くフィールしてくれているし、応援もしてくれているから、「THE FIRST」では山梨での合宿にまでわざわざ来てくれました。ちゃんみなと何か一緒にやるということは、起業時からそれこそマスタープランだったような気がします。

　自分は自分でずっと、僕みたいな先輩が自分より1つ上の世代にいたらやりやすかっただろうなと感じることがあるんです。たぶん自分（36歳）とみな（25歳）の年齢が逆だったら、みなが先に会社を立ち上げていただろうし、自分はちゃんみなのように活動していたんじゃないかな。みなを見ていると、そうした「自分が選ばなかった人生」を感じるんです。だから、深くすり合わせしなくても、根っこの部分では自分もみなも同じ回答を出すだろうという安心感や期待感のようなものもあります。

　もう1つ、ちゃんみながやるべき理由は、「AREA OF DIAMOND」（23年3月に横浜アリーナで開催したちゃんみなのライブ）を見たときに、アーティストフェーズが明確に1つ上がる時期にいるなと感じたから。先日2人でインタビューを受けた際に、みなが「18歳でデビューしているから、まだ新人の気持ちがすごくある」と話して

いるのを聞いて、納得したんですよ。俺も18歳デビューだったから分かるんですけど、新人の気持ちだけど実はもう7年も活動しているわけです。新しいフェーズに進んだほうがいいし、フェーズのほうがちゃんみなを待っている。やるなら今がいい。早ければ早いほど良かったんです。

女性グループもできる体制が整った

現在、所属アーティストは全員が男性。そうしたなかで「女性はやらないのか」という意見は社内からも出ていたという。

社員はどちらかと言えば女性が多いですし、年齢性別の偏りがないようには多少なりとも採用面でも意識しています。一方でアーティストに関しては、育成チームとかと今後のことを話していると、「女の子ってやらないでいいんでしたっけ」という話題は普段から出ていました。それに、男性のみを募集するってすごく前時代的じゃないですか。自分がこれまで諸々のギャップで苦しめられてきたにもかかわらず、考え方によってはすごくジェンダーギャップの促進につながりかねないことをやってるんじゃないかという自責の念も感じていましたし、BMSGの理念や哲学にめちゃくちゃフィールしてその能力もあるのに、女性だから受け入れてもらえないっていう人がいるのはどうなんだろうとか。気にはしていたけど、自分ではできない。そうした意味でも、ちゃんみなのおかげでBMSGがより理想的な歩みを進められることに、すごく感謝してますね。

ただ、BMSG側にガールズグループのオーディションができる状況や環境が果たして整えられるのかとも思っていたのですが、幸い23年春以降も新しい社員がどんどん増え、組織として強くなれて

いることを随所で感じるようになりました。また、BMSGとして水面下でたくさんのプロジェクトが動いているわけで、すでに予定しているものとの調整も必要になります。そうしたタイミングを考えると、今しかないとも思ったんです。

　社員たちにこのオーディションの話をしたとき、自分よりやる気を出してくれたスタッフがかなりいたこともいい驚きでした。自分以外の環境を見ても「風が吹いている」感じがしたというのが大きいですね。自分が思っていることと、自分の周りの人が思っていることが重なった場合にのみ、思い切ったアクションで風を強めることができると思うんです。そうすれば「1」だった思いが「2」になり「4」になり「8」になり…というふうに、プロジェクトそのものも強くなっていきますから。

「THE FIRST」の頃に、ゆくゆくはガールズグループも手掛けるのかと尋ねたところ、SKY-HIが即座に「僕がガールズをやることはないと思う」と答えたことがあった。まだ目の前のグループがどうなるかも分からない頃だったので聞いた理由に納得したが、今やボーイズのプロデュースで手腕を奮い、実績を重ねてきた立場だ。なぜ、そこまで自らがガールズをプロデュースすることを避けるのか。

　僕はガールズグループを自分で作る気はありませんでした。過去にも「ちゃんみなが5人いるなら」とか「ちゃんみなみたいな人が（プロデュースを）やるんだったら」とか言ってましたが、その頃から頭の中にあったのは、正確には「ちゃんみなみたいな人」ではなく、「ちゃんみな」だけですね。それは何よりちゃんみな本人が1番感じていたんじゃないかなと思います（笑）。

　自分がやらないのは、単純に、絶対できないからです。本当に

159

分からないから。もちろんいろいろなグループを見ているんだけれども、経験としても趣味嗜好としても、グループの場合はまだ男性のアートフォームしかフィールしたことがなくて。ガールズグループの場合、周りの人に「このグループ、いいから見て」って言われて見ると「めちゃくちゃいいな」と思うし、「ちょっとイマイチだよね」と言われると「確かに」って思っちゃうくらい感度が低いんです。ファンの方は知っていると思いますが、そんな自分が初めて好きになったガールズグループのメンバーが、LE SSERAFIM のキム・チェウォンなんです。ビジュアルもパフォーマンスも好きなんですが、たとえ彼女がソロでも、国籍が日本とかアメリカでも好きになっている気がします（笑）。それでもまだ、"ガールズグループ"に関しては、自分事として見れていない。逆にボーイズは、どんなに好きでも良くも悪くもいろいろなことを仕事目線でも考えながら見てしまうわけですが。

メンター的な役割を果たしたい

ガールズグループの話とは（含まれる部分もあるかもしれませんが）逸れますが、よく「ステージ上で演じ切る」っていうワードが使われますが、その美学や美徳にはあまりフィールしません。これは自分自身の志向でもあるんですが、アイドルであれアーティストであれ、演じ切るタイプが自分に刺さることはたぶん今後もないかも。

ステージ上で与えられた役割を全うするために演じ切ることと、自分自身を定義して、自分自身を提示するためにパフォーマンスを練ることって、近いようでいて大きく違うんです。せっかくなので例としてちゃんみなの話を出しますが、「AREA OF DIAMOND」の中で、『美人』のステージ中にみながメイクを落とす演出が大

きな話題になったけれども、あれはカメラの位置だとかも絶対意識しながらやっていると感じたんですよね。そういう意味で、ちゃんとみなの頭の中にパフォーマンスのための計算が刻まれているのは間違いないんだけど、その冷静な思考の上で自分が見せたいもの、提示したいものを情熱的に出している。そうしたことと、世間一般的に言われる「演じ切る」の指す意味は、だいぶ違うんじゃないかなっていう気がしますね。

だから結局、繰り返しになりますが、自分が責任を取ったり賭けたりするなら、ちゃんみなしかいないっていう話です（笑）。「No No Girls」で、みなは「ただ、あなたの声と人生を見せてください」という言葉を掲げているんですが、その発言も感覚もすごくフィールします。

「No No Girls」のマネジメントは、別組織としてBMSG傘下に設置する。ただ、BMSG（Be MySelf）な才能が集まることには変わりない。改めて、ちゃんみなとSKY-HIの役割分担はどういったものになるのか。

ちゃんみなが「THE FIRST」での自分に当たる役割を務め、今回の自分はバックエンドの整えと、あとはみなのメンターのようなものですね。ちゃんみなは、スーパーな方であるのは間違いありませんが、一般的なところよりもちょっとだけ人生経験豊富な25歳女性とも言えます。社会人で言えば新卒3年目くらいですから、大きなプロジェクトを企画するとか、それを動かすとか、外部の会社にお願いしていくとかを経験したことはない。もちろん、彼女ならできると思っているんですが、それでも「大丈夫だよ」もしくは「それは違うんじゃないかな」って言ってあげる役割は果たしたいなと思っていて、それだけですね。「大丈夫だよ」って言ってあげることと、実際にそれを大丈夫にすることはやるけど、自分も心をこの

161

プロジェクトに大きく割くわけにはいかず。もし、本当にちゃんみな
みたいな人たちが集まってきた場合、自分でもプロデュースできる
可能性もあるけれど、自分の想像を超えるものを見たい気持ちも強
くあります。それも含めて、本当にちゃんみな以上の存在はないで
すよね。

　どんなふうになってくんだろうなと楽しみですけど、実際に動き出
してから自分がどう関わるのか関わらないのかも分からないところが
あるし。そこらへんはやりながらですけれども、その彼女たちがみな
を信じて、自分もみなを信じている、信じてもらっているという状態
ができていれば、結果として同じ方向に向かえているので心配は
していません。

Nissyとのコラボ曲で
届けたかったテーマとは?

#DUNK　#リーダーシップ　#他社とのコラボ　#キャリア　#アイドル論
#SNSカルチャー

「キャリアと歴史がある自分こそはちゃんと反論や否定
をしないといけない」

2023年12月2日、3日に京セラドーム大阪にてSKY-HI主宰のライブイベント
「D.U.N.K. Showcase in KYOCERA DOME OSAKA」が開催された。日本テレ
ビとタッグを組んだダンス＆ボーカルの大型プロジェクト「D.U.N.K.」のライ
ブとしては23年3月に続き2度目。プロジェクトが掲げる「良いものは良い
／もうダンス＆ボーカルシーンに垣根も差別も必要ない／ここを歴史のター
ニングポイントにしよう」の具現化はパワーアップし、所属事務所やレーベ
ルの枠を超えた12組のアーティストがステージに立った。

ダンス＆ボーカルのコラボステージを盛り込んだイベントは、過去にないも
の。1度目のショーケース後、SKY-HIは「ようやくどんなイベントなのかを伝
えやすくなると思う」と話していたが、2回目を終えた今、前回と1番違った
のはそこだったと振り返る。

　このタイミングでの京セラドームでの開催は、企画を進める際
から決まっていたことで、特にドーム公演に向けての気負いはあり
ませんでした。初回との違いとして1番大きかったのは、間違いな
くオファーしやすかった点が挙げられます。というのも、前回の公

演があったことと影響力が生まれたことで、どういうイベントかが明確になったことでした。

　今回の「D.U.N.K. Showcase」で絶対にやりたかったのは、1回目になかった新しいコラボレーションでした。RIEHATAとSOTA（BE:FIRST）のダンス、ラップラインが集結する瞬間、西島（隆弘／Nissy）との作品、3つのコラボのために新曲を作り、その準備は大変でしたね。

　RIEHATAとSOTAのコラボで、RIEHATAが「自分でバースを蹴りたい（ラップをしたい）」って言ってくれたのは、サプライズではありましたが、ありがたかったです。もともと既存の曲でコラボするのではなく、ちゃんとそのためのものを作ることはしたかったのですが、一気にアイデアも膨らみました。書き下ろした新曲『Back on the stage』は音源を出すのか、違うイベントでも使うとか…は、まだ言えません。

RIEHATAはBTSやBLACKPINK、TWICEなど多くのアーティストのコレオグラフィーを作るトップダンサーだ。一方のSOTAも、ダンスの世界大会で4回の優勝経験を持つ。2人のワールドクラスのダンサーがステージを作った。新曲制作以外にも難しさを感じたことがあったという。それは、コラボのために他事務所所属のアーティストにも時間と労力を割いてもらう必要が生まれることだった。

　コラボレーションのオファーを受けた側の人や会社がどう感じるかを気にし続ける時間が続くという困難さはありました。前回は初めてということもあり、BMSGのアーティストが中心になってコラボを進めたのでスムーズだったのですが、2回目以降はイベントの意義として、極力よその事務所の方が参加するコラボステージも

増やしたいと考えていました。

　出演していただいた皆さんに何かしらコラボに参加していただき「一緒に作った」という気持ちになれると良いなと思っていたのですが、一方でそれは皆さんに新規オファーをしなくてはいけないということ。お声を掛ければ喜んでくださいますが、それは仕事を増やすことにもなる。しかも、これは良いことなのですが、テレビの音楽番組などでも事務所の枠を超えたコラボの機会がいっせいに増えていて、アーティストにとってはそのような業務量が増えていることもあります。そうした狭間で心苦しさがありました。

　ただ、やれば見てくださった方は大きく沸きますし、その沸き方は幸せで楽しいものだと思うんです。そうした空気は「D.U.N.K.」が1番大事にしたいものでもあるので、他の事務所さん側、アーティストさん側も懸念なく楽しんでいただくためにはどうすればいいかというのは大事かつ大きな仕事でしたし、大変でもありましたね。

アイドルにおけるラップとは

ラップコラボには、LIL LEAGUE や THE JET BOY BANGERZ（以上、LDH）、BE:FIRST らが出演した。ラップコラボは予想していなかったが、メンバーのスキルと何よりステージを見れば、さもありなんと思わされたのと同時に、今の日本のダンス＆ボーカルグループのなかでラップの占める位置の高さに改めて気づかされた。さらには今後、ダンス＆ボーカルグループのラッパーを集めたイベントができるのではないかという期待も膨らんだ。

　ラップコラボのステージを作ったのは、単純にグループを支えるラッパーが世界的に多いからです。

いつかラッパーを集めたイベントもしたいなとか、ちょっと思ったりもしました。（韓国のラップサバイバル番組）『SHOW ME THE MONEY（以下、SMTM）』に近いような場が日本にもあったほうがいいので、本当にそれは思います。そういう夢を持てるといいじゃないですか。14歳から19歳までのLIL LEAGUEのメンバーもすごくスキルが高いですし、『SMTM』のようなイベントに出て、あの年齢であのスキルを見せたら、大きな反響を得そうですよね。

実際のところ、ラップは技術以外のほうが大事なアートフォームでもあるので一概には言えないですけど、当然、技術というものも存在していて、自分にとってそこの追求は大事な要素です。特にラップを語るうえで欠かしてはいけない、カルチャーとしてのHIPHOPにリスペクトを示し、学ぶ姿勢を示すことは必要だと思うんですけど、それを前提にしたうえで、近年のアイドルグループのラッパーの多くは、カルチュアルな意味でのHIPHOPのバックグラウンドが少ないからこそ、精神性を大事にし、よく学び、技術を磨く傾向にあると思います。それがアイドル出身のラッパーの面白さだと感じることが多いですね。

『SMTM』でも過去にアンダーグラウンドのラッパーを差し置いてアイドルラッパーが優勝することが続いたりしたのも興味深いことだと思いますし、今のシーンのミドルティーンからハイティーンの中でもLIL LEAGUEは相当ラップがうまく、見ていてうれしかったですね。HIPHOPとはまた別だけど無関係ではない、独特のカルチャーやシーンが生まれそうだと思っていますし、それはちょうど僕の生きた証にもなります。

キャリアがあるから言えること

AAA時代からの盟友でもあるNissyとのでのコラボでは、SKY-HIxNissyの『SUPER IDOL』が初披露された。ほぼ20年のキャリアを持つ2人が36歳、37歳で"スーパーアイドル"としての生き様と価値観をシニカルに歌う、アグレッシブな曲だ。ドープなトラックに乗せた強いメッセージ性を感じる歌詞は、まさにアイドル的な側面を持つ若いグループの前、また彼らを目当てに集まった観客の前で披露するのにふさわしい1曲だったと言えるだろう。

「キャリアがあるから言えること」は間違いなくあると思います。歌って、「その人が歌う意味があるべき必要」は絶対的にあると思うんです。それはロックバンドでもHIPHOPでもアイドルでもそうだと自分は思うんですが。

ただ、たぶんHIPHOPが誕生して広まっていくうちに、「その人が歌う意味がある」という意味合いは強くなっています。現在のアイドルシーンでもBTSに象徴されるように、意志が見えるアイドルのほうが強いし、実際に成功していると思います。

話を戻すと、もともと西島と一緒に曲を作ることは「D.U.N.K.」の前から決めていたし、西島とやるならこのタイトルだろうと自分の中では明確にありました。純粋に面白そうだなというのが1つ、西島が隣にいないと言わないことであるのが1つ、そして1番大事なのが、自分たちが少なからず現役のアイドルに伝えられることがあるだろうというのが1つです。

最後のものに関して言うと、「歌って踊る」という生業は、スポーツ選手よりは長いかもしれないけれども、寿命があるものだと思っています。自分も西島も、あと3年もするとフェーズが確実に変わ

ります。20代でできたことが30代でできなくなる一方で、キャリアのある今だからできること、やるべきこともあります。2人とも普段はそれぞれそう自認しながら活動していると思いますが、2人でやるならテーマはここだろうなという気がしました。

「D.U.N.K.」に出演したアーティストのために作ったわけではありませんが、事務所も国も関係なく、頑張っている子たちを応援したいという気持ちは常に持っているので、そんな彼らの姿を思い描いた曲であるのかもしれないです。

10代、20代あたりのキャリアだと「思っても言わないようにする」「思っても言っちゃいけないと思い込む」ことが多いと思うんです。そこに対しても大人の責任として、彼らが意志を表に出しやすい、意見を表明してもいい環境なりを作っていくほうがいいと常に思ってます。まずは、届くべきところに届くといいなと思いますし、さらに言えば、日本でダンス＆ボーカルグループにつきまとう「アイドル／アーティスト論争」は一生かけても終わらせたいなという気持ちは強いです。

「押し黙る」を正解にしない

音楽番組で2人のステージが放送された後、SNSにはこの曲の歌詞をつなぎ合わせ、その意味を曲解させるような1つの投稿が広がった。それに対し、SKY-HIは即座に抗議に出た。

SNSカルチャーが始まってから、ねつ造した情報なり画像が広まることって本当に多いじゃないですか。僕自身、表に立つ人間としてのキャリアは長く、世の中に対してこうあるべきという提示や再

定義をしていく立場なので、発言に対しての誤解や曲解は常につきまとってきました。よくあることなので、「そういうもんだよね」と流していることも多いですが、今回ばかりは悪質に感じたので明確に否定したんです。

　これに関連して言えば、「現代は文章を読めない人が本当に多く、自分の感情を満たすのに近しい文字を見つけて、勝手に文章を自分の中で作ってしまう」とどこかで見掛けましたが、自分も本当にそう思うことが多いです。ただ僕は作詞家でもあるから、そこは文字や作品で伝えていくことを諦めちゃいけない。同時に、「押し黙る」が正解になりがちな若いアーティストと違って、キャリアと歴史がある自分こそはちゃんと反論や否定をしないといけない、総じて、常に読まれるに値する意義を提示することを生涯頑張り続けなければいけないと思っています。どんなに傷ついても（笑）。

最後に、今後の「D.U.N.K.」はどこへ向かうのかを尋ねた。

　今の形の「D.U.N.K.」って、あと何回やれるんだろうなっていうのは、正直に思いますね。「BMSG FES」もしかりですが、自分のアーティストとしてのキャリアとかが変わったら、イベントの形も変わるわけじゃないですか。ただ、それがどういうふうに変わるのかまでは、「D.U.N.K.」に関しては想像がつかないんです。というより、まだ想像しきれてないんですよね。次の開催スケジュールもまだ決まっていませんが、それでも「こういうことをやるべきだ」というものは自分の中にあります。近い将来、徐々に形を変えていくのか…いや、これは時流に寄るところもあるので本当に分からないですね。

BMSG設立時からの夢だった
Novel Core武道館の意味

#マスタープラン　#NovelCore　#夢　#コミュニケーション　#導き

「“大人の思惑”が含まれていると、見ている方々に伝わ
るし、特に若い世代の方は無意識かもしれないけれど
敏感に嗅ぎ取るもの」

2024年1月17日、22歳最後の日に、Novel Coreは日本武道館での単独公
演で、彼のこれまでのストーリーを語り上げる素晴らしいステージを見せた。
BMSGアーティストたちと共に客席にいたSKY-HIは、こぶしを上げ、歓声を
上げ、時に涙を見せながら、Novel Coreを見守っていた。

17年のSKY-HIの武道館公演を見てこのステージに立つことを夢見たNovel
Coreは、20年、「才能を殺さない」を掲げたBMSGの第1弾アーティストと
して契約。以降、2人は「夢」に向かって1つひとつ積み重ねてきた。今回
の取材は、武道館公演の約10時間後。興奮が残るなかでの心境を聞いた。

　最初は「自分も（武道館の）ステージに立つのかな」と思ってい
たんですよ。でも、コア（Novel Core）が「今回は出ないで、（客席
で）見て」って（笑）。せっかく見る側なら と、演出もセットリストも事
前に知らないまま見せてもらいました。ライブ前には誕生日プレゼ
ントと武道館公演のお祝いを兼ねて大きめのプレゼントを1つあ
げたかったので裏に行ったけど、コア自身が培ってきた信頼があ

るからチーム全体に不安も全く感じなかったし、こういうときのコアは強いから好き勝手にやってくれるだろうなと楽しみでした。

　コアが武道館のステージに現れた瞬間は、BMSG設立当初の目標が1つ達成したわけです。ライブが始まった瞬間にあれほど達成感を感じることもなかなかない経験でした。終始、シンプルにワクワクして見ていましたが、ライブを見ながらいろいろなことを思い出しましたね。

　3年前のコアと自分にとっては、「3年後に武道館」ということが決定事項としてありました。何しろコアが武道館に対して尋常ではないほどの思い入れがあり、自分も「それは絶対できる」と答えました。でもそれは、コアが僕を説得したのではなく、シンプルにその夢がとても現実的なものに思えたから。なので、僕らは当たり前のように「武道館に立つまでに、こういう部分が足りないからこうしよう」を繰り返してきました。昨晩は、「夢を追いかけるという夢の中にずっといたんだな」と改めて気づいた感がありました。

　自分はずっと「夢を見る」などといった「きれいごと」の大切さを強く感じています。子どもの頃は誰しもがコアのように大きな夢を見るけれど、徐々にどこかで夢を見られなくなっていくと思うんです。また、夢があったとしても必ずしもかなうわけではありません。それに、1つ大きな目標がかなったからといって、それが結果として幸せかどうかも分かりません。

　ただ、「かなわない」という結果よりも、「ひょっとしたらかなわないかもしれない」と思ってしまい夢を追いかける力を濁らせてしまうこと、夢を信じて振り切れないことのほうが良くない。悔いも残るし、逃げ道を作ったうえでの失敗からは学べることも少ないし、そもそも

の夢がかなう確率も極端に下がります。

　夢をかなえる可能性を上げる方法のまず1歩目として必要なのは、夢がかなうと強く信じることだと思います。本気で信じて達成した自分の姿をイメージできれば、夢への導線や必要な努力が明確に浮かんでくるから、それに対して取り組んでいく。それ以上にないと思います。ほかの人から見たら荒唐無稽に思われるようなことだとしても、自分がそれを信じられるなら可能性は必ずあります。

絶対に必要だったコアの成功

　コアは、そこだけはずっとぶれなかったので、苦しむことは多かったとしても、夢を見失ったり、諦めることもなかった。自分も同じくですし、コアが信じていることに対して疑う余地はなかったので、コアがやりたいって言ったことに関してはどんなことでも全面的にバックアップすることにためらいはなかったし、怖さもなかったです。

　コアに純粋に夢を見続けさせられたことと、それをかなえるところまで一緒に踏ん張れたことは本当に尊い経験でした。ものすごく苦しくなったら夢を諦めてしまえば楽ですし、その生き方も正解の1つだと思いますが、僕らはずっと夢を追いかけてきました。かと言って、歯を食いしばり唇をかみしめながら進んできたわけではなく、振り返ってみれば泣いたり笑ったり、ずっと楽しかった3年間でした。

　夢を持ち、そこに向かって頑張って、それをかなえるって、言葉にすると簡単ですが、ものすごく大変なことは僕自身もすごく強く分かっているけれども、その尊さを他人の姿から感じる機会はそうそうありません。今感じている「うれしさ」は、尊さを感じられたことに

対してなのかもしれないと思います。

今回、Novel Core が BMSG 設立時からの「夢」であった武道館公演を成功させ、さらには自身の"ヒーロー"と語っていた SKY-HI のもとで『HERO』という楽曲をリリースした。そのなかには、自らも次世代を引っ張っていこうという意志も感じられる。

SKY-HI は、「これからは（武道館に行くという必達目標への責任を全うして）普通にコアのライブを見られると思うと、楽しみですね」と笑っていたが、明らかに次のステップに上っていく彼を目の当たりにしている今、「BMSG の 1 人目のアーティストだった意味」が、また明確に証明されたようにも見える。

　自分とコアの関係性っていうのは、BMSG の中でも特殊ですよね。レーベルを立ち上げる際、何もないところに最初に来てくれたアーティストですから。その人が成功するかどうかは、自分自身の人間としての様々な信頼にもつながってくる大事なことだと思いました。「1 人目のアーティストは Novel Core だ」と思った目利きもそうですし、プロダクションの社長としての信頼もそうですし。

　この人だと思った才能を成長させることや少しずつ大きいステージに連れていくことは、どの芸能事務所の社長の仕事でもあるかもしれませんが、自分の場合はプロデュースを直接手掛けているぶん、「グループを作って売る」ほうに焦点が集まりやすいです。でも、「グループをしっかり売る」ことと「Novel Core のような才能を埋もれさせない」ことは、やることも大きく違うし、後者は BMSG が BMSG であるために、本当に必要なことだったんです。

　そういう意味では、今回のライブは本当に BMSG にとって大きな出来事でしたから、「うれしかった」とは言いましたが、コアの

武道館公演を見終わった後は、自分がライブをしたくらいにヘロヘロに疲れた感じもありましたね（笑）。でも、本当に素晴らしいし、筆舌に尽くしがたいですね。筆舌に尽くしがたいって、口に出すと気持ちいい音ですね！

　コアに限らずソロアーティストみんなに言える話ではありますが、コアにとっての武道館が「立たされたステージ」であっては絶対にいけないし、例えば僕が曲作りだったり、ライブの演出やセットリストだったりという "アーティスト実務" に介入することもない。アドバイスや各種フィードバックはしますが、決めるのは全て本人。本人の意志以外のものが介在すべきではないんです。そうした "大人の思惑" が含まれていると、見ている方々に伝わりますし、特に若い世代の方は無意識かもしれませんが敏感に嗅ぎ取ります。

　ただ、もちろん大人の自分の立場から見て「こうしたほうがいいのにな」と思うこともあり、そんなときに悩んだ局面は、特にコアの場合、少なくなかった3年間だったようにも思います。具体的には、もう武道館も終わったので、いつかコアが自分で話すかもしれませんが、強く覚えている大きなピンチは、2回。1回目は、『THANKS, ALL MY TEARS』（21年）をリリースする3カ月ほど前で、コアがプレッシャーや不安を抱えていたとき。このときはコアが言い出してくれて、休んでもらいました。あともう1回は内緒です（笑）。

　もちろん、普段からコミュニケーションの量は多いので細かいことはその都度ありますが、僕にとって、コアが作った曲を聴かせてくれたり何かを見せてくれたりするのは、全てこのうえない喜びなんです。だから、「良かったね、次はこうしよう」「あれやってみよう」といった、クリエーティブに関する前向きな話が自然と多いよ

うに思います。

ソロアーティストが持つ可能性

　自分がソロアーティストとして活動しているから見えることもある一方で、自分がステージに立つ意味だったり自分のバックボーンだったりの全てを彼らに作ってもらっている感もあります。例えばステージに立つときは彼らが自分を見ていることを意識してパフォーマンスしてきた数年間でしたし、それこそ「背中を見せる」ですよね。一方で、「背中を作ってもらってきた」という気持ちも大きいです。そうした相互作用なんだなと思います。音楽的影響も、みんなに与えるものとみんなから学んだりもらったりしているものだと、分量は同じくらいだと思っています。自分がいたからコアがこのタイミングで武道館に立てたとも言えるけど、コアがいたから武道館に立つアーティストを輩出できたとも言える。どちらが先でも後でもない。出会いってそんなものかもしれないですね。

　今後のコアに関しては、いろいろ計画していることがあります。ここに関しても僕の口から言うことではないので、コアを待っていただけますか。

　「20代のうちにドーム」は、言っていいのかな。（BMSG設立を発表したオンラインライブ）「実家ワンマン」（20年9月26日）の後、自宅に帰ってから俺とコアと、当時からBMSGに応援と期待をくれていたちゃんみなと3人で話をしたんですよ。そのときにその話になりました。コアの場合、30歳になるまでまだ丸7年あるので一緒に頑張りたいです。

あと、これは僕から言っていいと思いますが、SKY-HI、Novel Core、Aile The Shota、edhiii boi、REIKOと、ソロアーティストが本当に全員準備ができたと感じているので、みんなでなにかやりたいなと。うちのソロアーティストが並ぶと、単純に全員のキャラクターがバラバラで面白すぎて（笑）。このキャラの面白さとクリエーティブとクオリティーのレベルは、もっと押し出して形に残すべきだし、それは結果として、世界に誇れるものになるんじゃないかという感覚があります。「ボーイバンドが世界に出ていく」っていう恐らく皆さんが想像しているストーリーとは全く別に、大きな可能性を感じています。ソロアーティストが好き勝手に持ってるアートフォームをフルで出すことは、グローバルヒットの可能性も上がるなと最近の音楽シーンを見ていても思うし、個々の強みが違うぶん、化学反応や作品の転がり方の可能性も広がるというか…いろいろ勝算みたいなものもあるんですよ。でもそれ以上に、純粋にワクワクする気持ちが止められない、というのが正しいかもしれないですね。

BMSGが発した音楽業界を
持続不可能にしないための提言

#新プロジェクト　#SDGs　#CD多売ビジネスへの反旗

「世の中に『これはおかしい』『変えなくてはいけない』と提言するのは、僕らのようなベンチャー企業の役割。そもそもより良い社会のために起業しているわけだから」

2024年2月13日、BMSGは「BMSGから音楽業界を持続不可能にしないための提言」と題して2200文字以上に及ぶメッセージを発信した。起業当初からSKY-HIは、音楽業界におけるCDビジネスの在り方に対して警鐘を鳴らしてきたが、今回はBMSGとしてのアクションを掲げることによって、さらに強い意志を打ち出したと言えるだろう。

具体的には、4月24日にBE:FIRSTがリリースするシングルにおいて、「CDの製造段階からプラスチックの使用を減らすこと」と「これまでCDに付いていた様々な特典を減らし、直接その特典に値するグッズを販売する仕組みを試験的に導入すること」を発表。それを打ち出す思いについては、SKY-HIの名前で出した提言を読むことが1番だろうが、果たしてその反響はどのようなものだったのか。

　今回は試験的な第1のトライとして、まずはSDGs（持続可能な開発目標）的な観点としてプラスチックを使わない製造方法をBE:FIRSTでも取り入れ、また、法人特典（CDショップ別それぞれのオリジナ

ル特典）を減らすことに着手します。

　前者においては、ライブのたびに関係各社それぞれからお贈りいただくフラワースタンドを廃し、代わりにその金額をライブのテーマを一貫して表現するフラワーディスプレーに使わせていただき、さらに使用したフラワーをアーティストや関係者に配ることで一切無駄にしないなど、様々なSDGs的試みを重ねてきました。

　リリース時の特典に関しては、個々のメンバーのグッズがランダム形式で付くことが多いことから、必要以上にCDの複数買いにつながっている可能性が高かったでしょう。実際に複数店舗を横断してご購入いただくこともあったかもしれません。今回の封入特典に関してはランダムではなく、メンバーの数だけ7種セットにしました。また、外付け特典に関しては全法人共通のランダム特典のみとし、パターンを減らす試みを実施します。

　BESTY（BE:FIRSTのファンネーム）の方々は、グッズの特典を楽しんでくださっているのも認識しています。ただ、CDに付く特典＝グッズのニーズが複数買いに結びつくことは、CD依存型のビジネスモデルに加担することと無関係と言えないことから、今回はニューシングルに関連したグッズを別途販売することによって、CDとグッズのニーズを切り離す施策を取りました。

反響は経済産業省からも

　提言を発表する前は、正直、もう少し物議を醸すかもしれないと覚悟していましたが、蓋を開けてみれば、想像より良い反応のほうがはるかに多かったのはありがたかったです。この提言を出

す前に、実際にCDを売っている方々だったり、LAPONE ENT ERTAINMENTさんやLDHさんなどといった関係値のある事務所さんだったりにもお話ししたのですが、この取り組みへの強い賛同をいただきました。また、発表直後に国内のトップアーティストの方々から熱い反応をいただけたり、経済産業省の方などからも熱い応援のメッセージや今後の取り組みの相談などが届いたりしたこともありがたく感じていますし、未来に期待しています。

　実際に、有名アーティストであればあるほど、現在の日本の音楽業界への危機感は非常に強いと思います。恐らくここは、ファンの方とプレーヤーの意識に驚くほど大きな違いがあるように感じます。でも、その危機感を表立って言いにくい理由があるとしたら、自分たちがCD依存型のビジネスモデルの被害者でもある一方で、そのモデルに加担している立場だという自覚があるからでしょう。

　日本の音楽業界は、CDの売り上げに依存するがゆえにストリーミングへの移行も遅れました。結果、海外から数字を見たら「それほど聴かれてないアーティストだな」と見られ、その存在が小さく見えてしまってきました。海外志向のアーティストほど、その歯がゆさは強かったと思います。そうしたストレスはたくさんあったのではないでしょうか。

　今回、発表後にCDショップの方からいただいた熱いメッセージも印象的でした。「現状、CD売り上げを支える存在になっているのは、アイドル的な人気を持つグループ。この形のビジネスは最長でもあと3年くらいだと思って危機感を感じていたので、すごく共感しました」と。この形のビジネスモデルが売り上げの何十％も占めているような状態が真綿で首を絞め続けているということは、業界の多くの人も気づいていることと思います。

それこそ10年ほど前、AAAのメンバーとして活動している頃から、レコード会社のどのレイヤーの方と話しても、世界の音楽業界が拡大傾向のなか、日本の音楽業界が先細っていくことに危機感を感じられていました。ただ、個人レベルではそうした強い危機感があっても、法人としてはCD依存型のビジネスモデルから完全にはシフトチェンジできず、今に至っていると言えるでしょう。

そうしたときに、世の中に「これはおかしい」「変えなくてはいけない」と提言するのは、僕らのようなベンチャー企業の役割なのだと自認しています。そもそもより良い社会のために起業しているわけですから。ウナギの乱獲やCO_2の削減にも通じることですが、白か黒かで過激派になる必要はありませんから、矛盾と闘っていくことこそが必要です。問題を正しく認識して、少しずつでも現状をもっと良くするために諦めないことが必要とされています。

レコード会社の存在意義はある

とはいえ、短期的に見れば、CDも売り上げの一角を占めるもの。特にアイドル的な人気を獲得するグループにとっては小さくないものだと思われる。

それで言うと、CDが売れているBMSGですら原盤収入は全体の売り上げの1割にも満たないんです。同じ1000円を使っていただいたとしても、グッズやファンクラブとCDではBMSGに入る額は大きく違いますし、実はCDが売れて1番身入りがいいのは会社でもアーティストでもなく、著作権者の僕、みたいなところはありますね(笑)。その立場から発していることに切実さを感じてもらえたらと思います。

もっと言えば、アイドル以外のアーティストの場合は、レコード会社に依存しないスタイルが加速しています。CDが売れなければ予算もつかないので、ミュージックビデオ（MV）にお金も掛けられない。だから映像原盤だけ切り分けることも増えていますし、大手レコード会社と契約しないで活動するアーティストも増えています。

　かつてKeith Apeの『It G Ma』のフィーチャリングをきっかけにKOHH（現・千葉雄喜）が世界でインパクトを残したときや、（米国の音楽レーベルの）88risingから日本出身のJojiが世に出たときも、レコード会社は少しざわざわしていたんですよね。だって、海外で売れている日本のアーティストってCDが売れているわけではないので、日本のレコード会社がビジネス的に関与できる部分がないわけですから。欧米のスタジアム級のアーティストの来日公演も減っていますが、そうした部分も全てCD依存型が形成した歪なシーンの弊害だと思います。

　ただ、僕はレコード会社を否定しているつもりはないんです。実際にBE:FIRSTをやってみて思ったのは、レコード会社が一緒だからできるビジネス面でのプロジェクトは本当にたくさんありますし、今後、日本の音楽市場を成長させようと思ったら絶対一緒にやっていきたい、やったほうがいいパートナーだとも強く感じています。

韓国でもCDの売り上げは年々増えている。22年のK-POPのアルバムの売上枚数は7700万枚超え（日本は同年のシングルとアルバムの売上枚数が約6580万枚）と、前年比約35%増。韓国消費者院のアンケート調査（※）によると、アルバム購入の目的として「グッズ収集のため」が52.7%、「イベント応募のため」が25.4%を占めた。消費者院も、グッズのためにCDを大量購入・廃棄する行為への対策が必要だとしているが、日本と韓国のケースには違いが存在するとSKY-HIは話す。

※韓国消費者院が23年に有料のファン活動をした経験のある満14歳以上の男女402人を対象に実施したアンケート調査。複数回答あり。

業界が連動して新しいカルチャーを

　CDと一口に言っても、韓国の場合によく見受けられるのが、アルバムのパッケージにこだわり、グッズが複数詰め込まれているような商品です。言ってみればアルバムそのもののグッズ化に拍車が掛かっているので、ファンにとって購買意欲が刺激されるものが多いですし、質が高いので強いファンだけでなく、それこそ応援して日が浅い方ならなおさらファンになるでしょう。また、クオリティー競争も起きるので"安くていいもの"がどんどんできているように感じます。そうした循環は、日本におけるチャートハックのための消費とは少し違うのかなと思っています。

　もちろん韓国でも環境面からもCDに使われる大量のプラスチックは問題になっていますが、BLACKPINKなどのように環境に優しい素材を使うなどの配慮も見られます。近年ではCDを同梱しないアルバムも広がっており、例えばQRコード1枚が同梱され、オンライン上で視聴する形式もあります。そうしたアルバムも韓国では音楽商材と見なされ、チャートに反映されるんです。現状、日本のチャートではカウントされないので、そうした改善も進めていただく必要を感じています。

　ただ、東京・渋谷を中心に大きなCDショップがあるのは日本の特徴で、逆に言えば世界でもあそこまでの場はないわけです。そうした大型CDショップさんでは現在、CDを中心に置かれていますが、もし様々なアーティストの多種多様なグッズが置かれるよう

になれば、場としての価値が加速していくはずだと思います。

　ビルボード・ジャパンさんだったり、エイベックスさんやユニバーサルさんといったレコード会社、販売店さんなどとお話ししながら、全体で連動してこうした流れができれば、新しいカルチャーになっていくかもしれないと感じていますし、同時にそれができないと、マーケットとしての日本の音楽業界は消費されていく一方で、成長は見込めないと思っています。

初の東京ドーム公演を終えた
BE:FIRST、次のフェーズは?

#信用　#プロフェッショナリズム　#日本の未来　#自覚　#日本代表
#BEFIRST

「BE:FIRSTと将来の目標を共有する場合、それは目標でもあるけれど必達条件でもある。ふわっとした言葉になりがちな "世界" という言葉を、具体的に説明する必要がある」

2024年3月2日と3日、BE:FIRST は自身初の東京ドーム公演を開催し、2日間で約10万人を動員。初のドーム公演とは思えないほど堂々たる姿で、圧巻のパフォーマンスを披露した。取材は京セラドーム公演前だったため、具体的な演出等のネタバレを避けながら、まずは結成時からの目標だった東京ドーム公演の意義を改めて話してもらった。

　3年準備してきた日だったので、当然万感の思いでしたが、同時に心配はいっぱいありました。ドームを借りられるのは3日間だけですから、前日の建て込み（セットの組み立て）が間に合うのかも、現場でのリハーサルが十分にできない状態で本番に臨まなきゃいけないことも…もう全て心配でしたね。メンバーも東京ドームは初めてのステージ。それなのに、動線やシミュレーションも全然現場でできていない。本番当日にやってみないと分からないこともたくさんあったし。ハラハラはしましたね。始まってしまうとハラハラしている余裕もなく…感慨も深かったけど、それ以上に純粋に楽しかったな。

僕自身AAAで東京ドーム公演の経験はありますが、今回ほど東京ドームに入る前からワクワクし、ライブ中もワクワクであふれたことはなかったので、そう感じられたこともすごくうれしかったです。ドームの動線を全部知っていることもうれしかったし、スタッフも半分はAAA時代からライブ制作や建て込みのスタッフとして知っている人たち。ライブの舞台監督もAAA時代のライブの時に自分の動線などをサポートしてくれていた人です。この数年間、自分で本当に頑張ってきたなと思うんですが、かつて自分を裏で見てくれていた人が今も一緒にいてくれて、自分を応援してくれて、そんなみんなと、大切なBE:FIRSTの東京ドームの公演を作れて。そのあたりの感慨や喜びを共有できるのは、当事者だった我々だけだと思うのですが、そうした人生そのものにまつわる感動もありました。

　一方で、BE:FIRSTのライブそのものに関しては、感慨や感動というよりも、「ここで決めなきゃいけない」っていう怖さも強くて。本当の意味での「プロフェッショナリズム」として、ドームの隅から隅までしっかりと意識を行き渡らせなくてはいけないわけですが、ここに自分が今まで彼らに対して行ってきた育成の結果がくだされるわけでもあります。よく「東京ドームには魔物がいる」とか言われるんですよ。思うようなパフォーマンスができないというか、調子が狂うというか。その理由は明白で、他の会場とは勝手や感覚が違うんですね。音の反響も違うし、お客さんの視線の位置も違うし、人の数も違うから、人間が人間に見えないし。アリーナや京セラドームを経験したとしても、東京ドームはお客さんのいる高さがレベル1つ違うんです。

　でも、経験上、その"魔物"の正体も分かっていたから、反響に関して彼らのイヤモニにいろいろな応急処置を施すなどの対

185

策は取れていたし、もう彼らは"魔物"に屈しないメンタリティーで臨めるとは思ってはいましたが、実際に最高のドーム公演が達成できたときに、ある意味、自分のエンタテインメント人生が1つ証明されたような気持ちはちょっとあります。もちろんこれまでもずっとそうで、BE:FIRSTに最高が何なのかを証明してきてもらっているんだけど、ドームが1つの到達点だったのは間違いないですね。

「日本の未来のため」と意気込んで

BE:FIRSTのデビュー前から目標として掲げていた東京ドームだが、改めて東京ドームにはどんな意義があったのか。

アーティストにとって東京ドームは、いわば「富士山」みたいなシンボリックな存在だと思うんです。東京ドームほど世界で通じる日本の会場はありません。「東京ドームでやれたら日本一」っていうことじゃないけど、「日本一のアーティストは東京ドームでやれてないといけない」。なぜなら、日本一の会場だから。国内において「上り詰めた」と認めてもらえるシンボルは紅白と東京ドームだと思っていて、そういう意味ではここまでのマスタープランが完了した形です。今の時代、海外で活躍するために必要不可欠な2つではないかもしれませんが、BE:FIRSTの場合、今後、海外でプレゼンスを高めていくために、導線として絶対に必要なことだと捉えていました。

BE:FIRSTの曲は「東京」を象徴する歌詞が多いのですが、"東京代表"つまりは"日本代表"として見られる自覚を持たなきゃいけない。もちろん、自分はBE:FIRSTだけが勝てればいいとは一切思っておらず、国自体のエンタテインメントの状況を改善

するためにやっているつもりです。余談ですが、他事務所のボーイズグループの人たちやそのスタッフの方々にも「シーンのためにかましてくれている」と感じていただけているところがあるようで、会うといつも（シーンの未来について）いい話ができるんです。ファンだけでなく、ダンス＆ボーカル界の様々な期待を背負ったうえでの公演だったので、大袈裟でなく日本のエンタテインメントの未来のためのドームだと意気込んではいました。

　BE:FIRSTと将来の目標を共有する場合、それは目標でもあるけれど必達条件でもあるんです。本当に世界で活躍したいなら、ふわっとした言葉になりがちな「世界」という言葉を、具体的に説明する必要がある。僕はBE:FIRSTの売り上げだったり、僕のAAA時代の売り上げだったりを具体的に挙げ、さらにはBTSや嵐などを例に出して、彼らの売り上げとファンの規模感、アーティストフェーズも教えています。指標として「この時期までにこんなことを、このくらい頑張らなくてはいけない」と。実際に海外で勝負するとなると最初は赤字続きでしょうから、それを踏まえて計画しなくてはいけないことも。具体的に描いている導線上の大きな1つが東京ドームでした。ただ、実績を積み上げてきたこと以上に、経験を積み上げてきたことが何よりの宝ですね。

こうしたBE:FIRST自身のアーティストとしての目標とは別に、BMSGにとっては「ドームを借りるに値する会社であること」を認めてもらう必要もあった。実績のない会社が借りるのは難しい。また「東京ドームは2年前に押さえる必要がある」という噂もある（これについては「都市伝説です」とSKY-HI）。

SOTAが「近い未来にドームでのライブができるアーティストになります」「2024年の間に皆さんにその景色を見せます!! 約束します」と宣言したのは、23年1月26日、初の全国ツアーの最終日、東京・代々木第一体育館で

のこと。実際にドーム公演が発表されたのは、その9カ月以上後の23年11月3日、BE:FIRSTの2周年を記念したYouTube配信の場だった。正式に決まったのはいつだったのか。

　代々木の時点では、自分の中では決まっていたんだけど当然取れてはいなくて、言っちゃえば取れるかなと思って（笑）。実際には関係値や実績のない僕らにとって東京ドームはハードルが高く、アーティストの人気だけではなく、会社としての信用や様々なことが問われます。誰かが押さえた数日間の一部を又借りする方法もありました。ただ、この時期にドーム公演を狙うなら、起業から3年で東京ドームさんに認めてもらえるアーティストおよび会社にならないといけないなと思っていました。

　会社としての信用も担保できている気はしていたので、24年のいつかできるんだろうなとは思いましたが、「可能だったら4月中くらいまでに」と思っていたんですね。念のため2月下旬にアリーナツアーを終える日程にはしていたのですが、まさかのツアー最終日の翌週という（笑）。週末にやらせていただけるのはうれしかったです。が、しびれましたね。初のドームなのに、準備期間はほとんどありませんでしたから。

今後2年で「すべきこと」は明確

かつてSKY-HIは本連載で「表層的な人気やバズに乗っかって実現するドームツアーではなくて、やるべくしてやるドームツアーにしないといけない」と語っていたが、2年4カ月の驚異的なスピードのなかで、BE:FIRSTはドームアーティストにふさわしい存在になった。外からは極めて順調に見えたが、ドームを迷った瞬間というのはあったのだろうか。

単に規模としてのドーム公演をやればいいわけでなく、いろんなものを背負ったうえで立つ必要があったので、迷ったことは決してゼロではなかったけれども、本当の意味で不安になったことはなかったです。「THE FIRST」から短期間で著しい成長を遂げる姿を間近で見ていたし、不安はなかったです。もちろん小さい不安はありましたよ。個人レベルでも「今日の誰」とか「最近の誰」とかはちょこちょこあったし、本当に良くないなと思ったら集まってもらって強く注意したこともあるし。ただ、本当に怒ったのは1回だけですね。正直に言うと、23年3月の「D.U.N.K. Showcase」まではちょくちょく頭を悩ませることもあったんですが（笑）、その年の夏フェスのシーズンにはそれも概ね解決して。アリーナツアーをやりながら感覚をアジャストしていき、いつドームに立っても大丈夫な状態にはありました。そういう意味では、ドーム以上に興奮したのは、アリーナツアー初日、11月1日の代々木ですね。思い描いていた完璧なライブで、気持ち良かったです。最後の巻き戻し演出もまだ誰も見たことないわけだから、会場中が驚いてくれて（笑）。

今後の構想は明らかになるまで待つしかないが、ドームを終えた今、誰もが考えるのは「次は世界」ということだろう。

　うーん、それはそうなるんですよね。今後2年くらいでやることは明確に決まっているんですが、どこかのタイミングから読みが効かないことが増えてくると思うので、それが楽しみでもあり、怖いです。

　僕は臆病で謙虚なんで、世の中にとってだったり彼らにとってだったり、いろんなことに関して、自分が必要なくなるときっていうのを潜在意識のなかで常にビビってるんですよ。その可能性のことを常に頭の引き出しのなかに1つ入れてあるんです。身のほどを知るというか、全能感に溺れないために、いつもちょっと「怖い」

を入れています。

　でも、BE:FIRSTのプロデュースに関しては、自分を超える人はいないという確信があるんです。だって、俺らは血縁関係みたいなものだから。何を言いたいかというと、「今のBE:FIRSTや世の中の状況を考えたら、海外への導線はこれしかないよね」というものを思いついたんだけど、今、僕と同じようなことを考える人がいないんです。結構シンプルなんですけどね。だから、僕もまだ大丈夫なんだなって思っているところです（笑）。

BE:FIRST東京ドーム公演の演出・選曲に込めた意図

#演出　#プロデュース　#BEFIRST　#初ドーム

「エモーショナルになるあまり、"ドームが最高到達点" に見えることは絶対に避けなくてはいけなかった」

BE:FIRSTの初ドーム公演「BE:FIRST LIVE in DOME 2024 "Mainstream - Masterplan"」が、2024年7月12日0時からAmazon Prime Videoで世界配信される。BE:FIRSTはドーム公演の直前まで9都市22公演のアリーナツアーを回っていた。しかし、ドーム公演の演出やセットリストは、メジャーデビュー曲『Gifted.』で幕を開けるなど、アリーナツアー以上に彼らが生まれたオーディション「THE FIRST」から始まったここまでのBE:FIRSTのストーリーが色濃く出たものになっていたように思えた。

今後、新たにBE:FIRSTのファンになった人や興味を持った人が公演の映像パッケージを買ってくれた際に、「入門編」としてBE:FIRSTのストーリーがしっかり伝わるものにしたいと考えていました。実を言えば当初、BE:FIRSTをよく知らないけれども家族や友人に連れて来られた方や、「ドーム公演ならちょっと見てみたい」という方も結構来てくださるんじゃないかなと想定していて、そのために改めてストーリーを伝えようという意図もあったんです。ただ実際は、ありがたいことに約50万件の申し込みをいただき、ほぼ熱量の高いファンの方々のみでドームを埋めてくださいました（笑）。

一方で、ストーリーを強調してエモーショナルになるあまり、「ドームに立ててよかったね（泣）」という「ドームが最高到達点」に見えることは絶対に避けなくてはいけませんでした。そのためにはエモーショナルとインパクトが絶対に必要で、そのバランスをずっと考え続けていたように思います。もしドーム公演をご覧になった方々が「BE:FIRSTがやっとドームに来られてよかったね」ではなく、「すごかったね」と思ってくださったのならば公演としては成功ですね。

　アリーナツアーのセットリストを決めているときに各メンバーからいろいろな考えが出てきました。『Gifted.』と『To The First』（オーディションのテーマ曲）はドーム公演まで取っておきたいとか。『Gifted.』を温存するようになったのは、SHUNTOの提案です。LEOは、どうせ1曲目でやるなら立川（21年11月3日のメジャーデビュー2日後に立川ステージガーデンで開催したファーストワンマンライブ「"FIRST" One Man Show -We All Gifted.-」）と同じように、扉が開いて登場する形を再現したいなどと言っていましたね。自分はそういったエモーショナルに振り切った演出をしたい気持ちがある一方で、懐古的になり過ぎないバランスを探り続けているので、メンバーから発露するのはとても助かります。

　それと同時に僕らには「Masterplan」というプロジェクトがありました。要は「東京ドームに立つことは最初から全て決まっていたことだった」を表現するために、時間を巻き戻してスタートさせたいという。その場合、起点はプレデビュー曲の『Shining One』ではなく『Gifted.』であるべきで、今回はフルオーケストラのバージョンで生まれ変わらせました（このバージョンは、東京ドーム公演後の3月11日に配信リリース）。

基本的には、『Gifted.』のオーケストラバージョンをこのタイミングで出すことは、デビュー前に曲ができたときから考えていたことです。ただ『Gifted.』を出したデビュー時には「攻めたデビュー曲だ」と言われたし、評価されるかどうかは別にしても、オーケストラバージョンでなくても自分たちのアティチュードが十分伝わっているなと自分でも感じたし。ドーム公演で、あの頃より大きく成長した彼らが再び『Gifted.』を歌うことで、改めてあの頃以上にこの曲のメッセージが伝わるんじゃないかと考えました。

　曲に込めたメッセージが伝わるか伝わらないかとは別に、実際に広がるかどうかに関しては、いろんなケースがありましたね。『Gifted.』は当時から十分にインパクトを与えられると思ったわけですが、逆に『Milli-Billi』のような曲は絶対にやりたいけれど、それほどマスには届かないんだろうなと思っていました。でも、ダンス界隈を通して想像以上に広がって、ヒップホップに傾倒した方向によりアクセルを踏んだまま『Boom Boom Back』までつながった。全ては世の中とのコミュニケーションが重要なんだなと感じました。

思わず泣いてしまったシーンは…

3月2日に行われた初日公演では、メンバーからSKY-HIへのサプライズ演出があった。現場で見ていたSKY-HIは予定にない演出が始まり出したことで、当初はトラブルかと思って慌てたという。本人にとって、泣きそうなほど心が震えたシーンは他にもあった。

　初日に起きたメンバーから自分へのサプライズ演出など、彼らに泣かされるようなシーンも当然あったんですが（笑）、思わず泣いてしまったのは『Set Sail』とか『Kick Start』とかですね。本

来、『Set Sail』は泣かせる曲ではないんですけど(笑)。

　そもそもBE:FIRSTのドーム公演をどんなものにしたかったのかというと、メンバーがドームのステージを走り回ったり、みんなで楽しそうにふざけ合ったりと、普段の彼らの様子が出るものにしたかったんです。つまり、オーディション「THE FIRST」の合宿で山梨の宿舎で見せていた自分たちの姿を、「場所が東京ドームになっただけ」という自然な状態でやれたら本当に意味がある公演になるし、その「リアルさ」こそがエンタテインメントに1番必要なことだと思っていたんですよね。『Set Sail』などでその姿が見えて。実際にそうした彼らの姿を見たらめちゃくちゃ感動してしまいました。心の底から楽しそうで、すごくいとおしさが込み上げてきました。

前記事でも、ドーム公演に対して十分なリハーサル時間が持てず、本番に懸けることが多かったと話していたが、中でもしびれたのはエンディングだったという。

　演出でこだわったなかの1つが、最後の彼らの「消え方」です。あそこの演出は当日ぶっつけ本番だったので本当に怖かったです。もう、勘ですね。(ライブ演出の) Kensuke (BLUE FLAP QUARTET) も、勘でやってくれたと思います。ああいったイリュージョンな終わり方にしたいとき、普通はリハーサルを繰り返すものなのですが、それができなくても懸けたい演出だったので、成功できたのはホッとしました。チームが思いを込めたからこそ成し遂げられた奇跡ですね。ぜひ、「ここはぶっつけ本番だったのか!」と思いながらご覧ください(笑)。

194　　　　　　　BE:FIRST東京ドーム公演の演出・選曲に込めた意図

ずっとやりたかった"本当の意味での音楽番組"がスタート

#新プロジェクト　#新音楽番組　#本質的

「良いもの、"これ、いいね！"というものはキャッチー。
だから結果として広がる気はしている」

SKY-HI が企画に参加した新音楽番組『Apartment B（アパートメント・ビー）』が、2024 年 5 月 1 日から始まる。あるアパートメントを舞台に、様々なアーティストやクリエーターが集い、音楽を楽しむという設定。アパートメントの住人として、BMSG アーティストのほか、「ALI」のボーカリスト LEO、「Dos Monos」のトラックメイカー・MC の荘子 it、ダンサー・表現者のアオイヤマダが出演する。番組は大きく音楽について深く語り合うトークコーナーと、アパートメントの一室で繰り広げる音楽ライブで構成される。

ショーケースを軸にライブの映像を配信、事務所の垣根を越えた交流を見せるダンス＆ボーカルのプロジェクト「D.U.N.K.」も、「新しい音楽番組」の 1 つの形だったが、今回は「音楽そのものの本質的な楽しさ」にフォーカスした番組になるようだ。タッグを組んだのは、BE:FIRST を生んだオーディション「THE FIRST」以来の付き合いであり、BMSG をよく知る日本テレビだった。

　ずっと、何か新しい音楽番組ができないかなと考えていました。それも、本当の意味での"音楽番組"を。BMSG としては、最近だと MAZZEL の誕生までを追ったドキュメンタリー番組「MIS

SIONx2」もそうですが、YouTube を自社のオウンドメディアとして積極的に活用していきたいと起業当初より考えており、新しい音楽番組も当初はオウンドメディア上で構想していたのですが、そのタイミングで日テレさんにお声掛けいただいて。地上波で放送できるならば、自社でやるよりももっと規模が大きくできるかなと考え、企画から参加させていただきました。

初回は BE:FIRST がホスト役を務めるが、収録を終えたメンバーに聞くと、音楽にまつわるトークをかなりしっかり収録したと話していた。

そうなんです。BE:FIRST のみんな、音楽トークが多いことをかなり喜んでくれていましたね。今、彼らをはじめ BMSG のアーティストは、自らが話すことで大きく成長する時期だと思うので、トークコーナーを通して刺激を受けながら成長してくれることを期待しています。また、音楽ライブのパートでは歌唱を重視し、ダンスは控えめになります。

イメージしていたのは、米国の公共放送 NPR がネット展開している音楽コンテンツ『tiny desk concerts』でした。小さなデスクと楽器だけを置いた場所からプライベートな雰囲気のライブを配信するという。そうしたら『tiny desk concerts JAPAN』が始まり、1回目のゲストが藤井風さんで、大きな話題になりましたよね。「ああ、やられたっ!!」って（笑）。ともあれ、『tiny desk concerts』の良さって、音楽をみんなで楽しんでいる様子が視聴者に強く伝わるところだと思うんですが、とにかくそうした音楽番組を作りたかったんですよね。

ALI の LEO くんや Dos Monos の荘子 it くんがバンドで参加してくれるので音楽的自由度が高いものになると思いますし、いろんなジ

196　　　　　ずっとやりたかった"本当の意味での音楽番組"がスタート

ャンルの歌手やラッパーの方々に出演していただきたいですし、本当に音楽番組を必要だと思ってくれているスタッフの方々が集まった番組制作チームなので、すごく良い番組になると自負しています。

即時的な数字に逃げない番組に

現在の日本の音楽番組は、アーティストが集まってそれぞれの楽曲を披露するような"パフォーマンス番組"が主流ですよね。そうなると、それぞれの出演者のファンが見て、SNSで情報を拡散して…反響は大きいようではありますが、一方で「音楽番組は数字（視聴率）が計算できない」と認識されているのも事実です。しかもエビデンスがあるから、その通説が常識のようになっているのも分かるのですが、音楽番組が作られない方向に加速してしまっている。

そんな状況のなか、『Apartment B』は、即時的な数字に逃げない本質的な音楽番組になると思いますし、恐らくこうした純粋に「音楽っていいな」と思える番組が欲しかった視聴者は少なくないんじゃないかと感じますし、きっと面白いと思っていただけたり楽しんでいただけたりするクオリティーのものにはなりますし、その結果として人気が出ると期待しています。今はYouTubeでもパフォーマンスビデオやライブ映像がたくさんアップロードされている時代ですから、そこと勝負するのはたやすいことではありませんが、それでも音楽力の高いもの、そこでしか見られないものであれば伝わるんじゃないかと思うんです。

ほら、良いものってキャッチーじゃないですか。「これ、いいね！」というものはキャッチーなんですよ。だから結果として広がる気はしてますね。

法人としてのBMSG、CEOとしての自分の成長を感じた日

#リーダーシップ　#マネジメント強化　#法人格の成長　#新規事業　#G&G

「BMSGの "勢い" を加速させるためには、"勢いがある" とたくさんの人に感じていただくことも必要」

2024年4月中旬、BMSGは2回目となる「Greeting & Gathering '24」（以下、「G&G '24」）を開催した。「G&G」とは、BMSGが関係する各社を招待して法人としてのBMSGをプレゼンテーションするとともに、その理念やビジョンに賛同する "応援者" を増やし、親睦を深める会でもある。

「G&G '24」は、昨年よりも規模が大きくなり参加者は約400人、さらに、昨年はなかった社長であるSKY-HI自ら登壇してのプレゼンテーションが50分程度を占めたことに、マネジメント領域での発信が一層強まったように感じた。

　初回である昨年の開催は、コロナ禍がやや明けつつある時期。大手の事務所さんであればあるほど、まだ会社としては大人数による集まりを開催しにくいタイミングでした。逆に言えば、新興の事務所であるBMSGにとっては先駆けて催しやすかったため、やるべきだなと思ったのが開催理由の1つでした。

　さらに「新鮮な風を起こしたい」という思いもありました。BMSG設立に始まり、BE:FIRSTを生んだオーディション「THE FIRST」

の熱量、デビュー以降の BE:FIRST の勢い、さらには "事務所の壁を超えた" プロジェクトである「D.U.N.K.」が始動した時期に、こうした一連の勢いを感じていただきたかった。BMSGは「勢い」がある状態でしたが、そうした「勢い」が加速するのは、「勢いがある」とたくさんの人に感じて、思っていただくことでもあるのです。

　また、当時の BMSG は、世間的には「THE FIRST」や BE:FIRST のイメージが強かったと思いますが、BMSG としてはもっと知っていただきたい所属アーティストがたくさんいた。当時アプローチできていたメディアに対して、そうした彼らのプレゼンテーションも含めた BMSG という会社そのものを紹介する必要性も感じていました。

　昨年の初回開催時点では、僕自身は何かプレゼンテーションはできると思っていたのですが、そうした場のオーガナイズは未経験だったし、全てを引っくるめて勘に頼った開催ではありました。今年は、BMSG が本来目指していた「G&G」の形を具現化できたのかなと思います。この 1 年でアプローチできている関係各社さんに加え、今後関係を構築したい各社さんも含めてお集まりいただけました。

　準備を進めていくなかで、この 1 年の BMSG の法人としての成長、CEO としての自分の成長も強く感じることとなりました。例えば、マンパワーが不足していた昨年の時点では、各自が目前のプロジェクトに精いっぱいのなか、今振り返れば新規事業をやることの意義や意図が伝わりづらい状況だったと思います。それは、自分自身のリーダーシップが足りていなかったこともあると思いますが、今回は会社として「やるべき」と捉えたことに対して、ゴール

に向かって社員一丸となって進めていけたことは大きな収穫でしたし、法人としての成長をCEOとしてもものすごく感じる機会にもなりました。

　また、具体的に社外の方にプレゼンする際に、ピッチ（会社の事業やビジョンなどをまとめたスライドを使いながら行うプレゼンテーション）の準備を進めることで社員やアーティストの目線もそろいやすくなったと感じます。

組織のマネジメント機能を強化

G&Gに向けてBMSGがキーテーマに掲げたのは、「TYOISM（トウキョウイズム）」。起業以来、BMSGは「東京発」のカルチャーを発信することを掲げていた。今回のG&Gでは改めて「東京が持っている魅力、東京が育んできたカルチャーにリスペクトを示し、継承し、その東京を象徴する、東京から発信していくと改めて強調することが、BMSGらしい東京からのグローバリズムにつながる」とし、その名の下に「BMSG」の4つを頭文字として、「BASE」「MASS APPEAL」「SUSTAINABLE」「GROWING」の4つのキーワードを軸に話を展開。BMSGのアーティストマネジメントの方針や育成プロジェクト、社会への取り組み、新プロジェクトなどを発表していった。

「企業発表会」はBMSGのYouTubeチャンネルで約50分にわたるSKY-HIによるプレゼンを配信中であることから、誌面では2つの新プロジェクトについて話を絞ってお伝えする。

その1つが、自社レーベル「Bullmoose Records」の立ち上げだ。第1弾として楽曲をリリースするのは、SKY-HI、Novel Core、Aile The Shota、edhiii boi、REIKOといったBMSGが誇るソロアーティスト5人がユナイトした「BMSG

POSSE」だ。また、同レーベルが BMSG 所属外のアーティストに対して、例えばファンクラブ運営やマーチャンダイジング、ライブ制作、原盤制作、宣伝など、必要なものだけを支援する「オーダーメイド契約」のプランを発表した。

　これまで BMSG は「マネジメント／レーベル」と称し、2 つの機能を持った会社であることを出してきましたが、今後は今まで以上に「マネジメント」機能を強調していきたい。これまでは BMSG という言葉が指すものは、Aile The Shota のレーベルかもしれないし、マネジメントかもしれないというふうに幅広かったのですが、今後は BMSG ＝マネジメントとなります。そのためにはレーベル機能に BMSG 以外の名前を付けて、立たせる必要があると感じました。業務としては、これまでと大きく変わらないものの、「Bullmoose Records」の看板を出すことで、BMSG 所属ではないアーティストの音楽業務も手伝いやすくなるとも考えています。

「Bullmoose」という名前は、2012 年に SKY-HI が立ち上げた HIPHOP レーベル「BULLMOOSE」とのつながりを感じるが、その言葉を再び使うことへの特別な思いはあるのか。

　名前の候補はいくつか考えました。そこで BMSG レーベル初の所属アーティストであった Shota に「こんな名前を考えているんだけど」って相談したんですよ。

　自分が 12 年に「BULLMOOSE」を立ち上げた頃にも、将来的に「BMS」「BMSG」という会社を作るビジョンは持っていたんですね。実際に 20 年に「BMSG」を設立した時点で、「BULLMOOSE」は BMSG の前身として歴史の 1 ピースになったという感覚がありました。でも今再びその名前を冠するのは面白いのか

201

もなって。Shota も「Bullmoose が1番いい」と言ってくれたので、腹をくくってヘラジカ（bullmoose）のデザインを復活させようと、Nozle Graphics にロゴデザインを依頼しました。実は前の BULLMOOSE 時代にもちょっとだけ関わったことがあったので、彼が名前の復活をものすごく喜んでくれたのもうれしかったです。

想像の5億倍面白い番組に

時に「企業発表会」の動画の Bullmoose パートでは、SKY-HI は海外にまでメッセージを届けるべく、英語でのプレゼンも行っていた。24年1月のインタビューでも、24年はソロアーティストがユナイトするプロジェクトを進めること、さらにその活動が国外に届く可能性を秘めたものになるかもしれないという予感を明かしていたが、実際に Bullmoose を立ち上げる今はどう考えているのか。

　現時点ではまだ"新規事業の立ち上げ"に過ぎず、ピボット（事業転換）前提。状況によって Bullmoose が何をするかも変わってくることが多々あると思います。まずは、1発目にリリースする BMSG POSSE で、しっかりかっこいいものを作って世に示したい。発表会でお話ししたようなアーティストの独立支援のためのオーダーメイド契約や海外展開も、BMSG POSSE の活動を示したうえで生まれていくものであるのかなと思っています。

もう1つ、BMSG とちゃんみながタッグを組むガールズグループオーディション「No No Girls」の進捗も気になるところだ。発表会では24年中に最初のガールズグループがデビュー（その後、デビューは25年に変更）することを明かすとともに、「間違いなく時代を動かす、歴史を変えるグループが誕生すると思う」と大きな期待を語っていた。

いや、本当にとんでもないことが起こると思いますよ。まず、BE:FIRSTの誕生が世間に待ち望まれていた理由の1つには、シンプルにダンスや歌のクオリティーが高いグループが見たいという欲求があったと僕は思うんです。もちろん背景には韓国発のグループのスキルの高さやグローバルでのプレゼンスがあり、日本でもスキル面で勝負できるグループがいるといいのになという潜在的な願望が、BE:FIRSTの誕生と結びついた部分は大きいのかなと。

　ただ、「No No Girls」およびそこからデビューするグループが登場したときの世の中へのインパクトは、それ以上かもしれません。歌やダンス、ラップのクオリティーに加え、強烈なアティチュードやスタンス、意志がある女性たちの登場を求める願望って、おそらく男性シーンの比ではないほど強いと感じているんです。なので、新グループの誕生によってシーンに革命が起きると思います。

　とはいえ、このオーディションで僕がしていることは、ちゃんみなの話を聞き、時にはおいしいチョコレートを買っていったり、疲れたときは頭をマッサージしてあげたり(笑)。ただ、脱落などの決定や通達も彼女がやっていくことになりますし、今後はストレスフルかつ強いプレッシャーを感じる日々が続くでしょう。そうしたときに、しっかり彼女の後ろにいてあげるというメンター的な役割が自分の今回の仕事なので。年内に番組になった際にはみなさんが想像する5億倍は面白いので(笑)、楽しみにしていてください。

ソロ5人での「BMSG POSSE」を世に出す意図は？

#新プロジェクト　#マネジメント　#リーダーシップ　#遊び　#BMSGPOSSE

「世の中は得てして、よりビジネス的でないもの、プリミティブな欲求を直接出したもの、より遊べているものが数字につながったりもするもの」

BMSGに所属するソロアーティストであるSKY-HI、Novel Core、Aile The Shota、edhiii boi、REIKOの5人が「BMSG POSSE」として本格始動した。5月29日に『Girlfriend』を配信。さらに日本各地の音楽フェスへの出演を次々と決めている。当初は企画ユニットかと思われたが、SKY-HIはBMSG POSSE（以下、POSSE）を語る際に「デビュー」という言葉を使った。BMSGが放つ新グループとして、POSSEは今後どのような活動をし、BMSGにとってどのような存在となっていくのか。まずはこのタイミングで世に出す意図を聞いた。

　POSSEはあくまで「クルー」で、グループというわけではないですが、グループ活動とソロ活動を並行してやるケースは珍しくないですよね。そうしたときによく聞くのが、ソロ活動を経てグループ活動に戻ると「実家に帰ってきたような気がする」という言葉。僕、それには少し違和感があるんです。グループ人格と個人格はスタートがそもそも違う。本来ソロアーティストが曲を世に出す際は、アーティストとして発露すべきものや表現すべきもの、世の中に対して提示すべきものが、集団意識であるグループ人格とは別の個人

格としてあるべきだと思っているんです。

　逆にBMSG POSSEの場合はソロアーティストである人間が集まったグループなので、各アーティストの個人格がしっかりと出来上がってからでないと、POSSEとしての活動は始められない。その個人格の準備がようやく整ったと考えています。もっと具体的にいうと、まだ未成年のedhiii boi（以下、エディ）とデビューしたばかりのREIKOの準備ですね。

　エディに関しては、BMSGに入ったときは中学生。そこから「本名である彼」と「世に出るedhiii boi」について、僕らは一緒に真剣に考え続けてきました。edhiii boiというアーティスト人格が明確になってきたのは昨秋くらい。その前の彼は、まだアーティストとして何かを成し遂げたわけではなかったこともあり、逆に言えば、何でもできるタイミングだったんです。例えば、ラップやHIPHOPに本格的に傾倒することもできただろうし、バンドのボーカルもできただろうし、ダンスもうまいのでダンス＆ボーカルのグループでも活動できたわけです。でも、edhiii boiがどうあるべきかに真剣に彼自身が向き合い、彼の可能性を拡げるトライのお手伝いを我々がし続け、ようやく人格が固まると、必然のように『おともだち』がバイラルヒットした。世の中は正しいことをやっていると正しい方向に進むんですよね。彼のアーティストとしての個人格も『おともだち』が収録された2ndアルバム『満身創意』が担保してくれました。一方、REIKOの場合はそもそも個人格としての準備が整った時点でのメジャーデビューを考えていました。

　2人の個人格とデビューのタイミングの違いは、エディの場合、「こんな中学生がいること」「それが結果を出していること」を日本の音楽シーンに見せることにも必要性を感じたから、中学生のう

205

ちに世に出したかった。結果、中学生でHIPHOPのチャート1位を獲得できました。この成績は即時的にエディの人生を変えたものとは言えませんが、5年後、10年後にもっと意義あるものになるはずです。例えば今後、高校生や中学生でラップがうまい子はこれからも出てくるでしょうが、エディがいることでものすごく新しい存在にはならない、スタートからもっと高みを目指せるわけですし、エディは開拓者としてよりプレゼンスを強められる。ものすごく面白い才能を持った中学生をBMSGがこのタイミングでフックアップすることが大事でした。

こういう積み重ねでカルチャーやシーンは作られていくし、ビジネスだけではなく、こうしたことに意欲的に取り組んでいくのがBMSGにとって大事だと考えているんです。…ですが、エディの本名のままの人格の形成はまだ続いています(笑)。それも長く見守り続けていきたいですね。

無邪気に音楽で遊べる場所を

REIKOはデビュー時から腹はくくれていましたが、最近リリースした『So Good』は特に象徴的でしたね。個人的にはREIKOに対してはこの後の道筋が見えているので、全く焦りを感じていませんが、エディにしてもREIKOにしても、本人たちにとっては5年以上先のことって想像しづらいだろうし、それこそBE:FIRSTやMAZZELも含めて、アーティストは皆、不安が常にあると思うんですよ。アーティストとしてのキャリアを進めてしまったがゆえに付きまとう不安が。なのでそれを上回る喜びや達成感、意義を感じることはとても大事で、最近のREIKOはそれがあるからこそのオーラが本当に強く出ていますよね。表情もどんどん明るくなって、輝いてい

ます。「アーティストとしてやっていく」と腹をくくって自信を持つことができれば、自己肯定感につながっていきます。REIKO は繊細な面がありますが、それは決してネガティブなことではなく、アーティストとして大きな武器の1つ。マネジメントとしてはその繊細さを大切にしながら、自己肯定できる要素を少しずつ増やせるようにすることが必要です。そういう意味で、POSSE は寄ってたかってお互いを褒め合う空気感なので（笑）、REIKO にとってもいい環境なんじゃないかと思います。

以前、POSSE の結成理由について聞いたとき、「5人集まったときのビジュアルが面白すぎて」と答えていた SKY-HI だが、今回も「この取材、『5人がそろった絵面にワクワクしたから』の1行で終わっちゃう」と。本当にその通りであり、その軽やかさや遊び心こそが POSSE の在り方なのだろう。それぞれ別のベクトルに振り切った個性の5人だが、作業はどのようなムードなのか。最年長の SKY-HI と最年少のエディでほぼ 20 歳違い、しかも SKY-HI は事務所の社長。しかし、「まあ、BMSG ですからね（笑）」とフラットな雰囲気で進んでいるようだ。

　やっぱりそろったときの絵面は面白いですよね（笑）。ちょっとアニメみたいなところもあるんじゃないですか？

　制作では、自分がそもそも発起人なので、リーダー的なポジションで、「こういう曲やらない？」ってみんなに提案したり振り分けも決めることが多いですが、歌詞に関してはみんなでスタジオに集まって書くし、『Girlfriend』のプロデューサーは Chaki Zulu なので、Chaki さんに采配を振ってもらって、4人と並列で1アーティストとして参加するシーンもあります。あの曲はフローも含めてスタジオでその場で作って録りました。そういえば、久々にあれをやりました。『New Chapter』（BMSG ALLSTARS）の頃にやっていた、自

分がコアやショウタ、エディ、REIKOになりきってフローを提案す
るっていう。楽しかったなあ(笑)。例えばエディっぽい声でフック
を作って、スタジオでみんなに何を言ったら面白いか考えてもらっ
て…大喜利じゃないですけど(笑)。短いスパンでいくつか作りまし
たが、どれもストレスがないです。

　それぞれ人格を確立したアーティストが5人いて、それぞれがそ
れぞれのアートワークに真剣に臨めている状況。だからこそ「make
it fun」というか、子どもが砂場で遊ぶように、無邪気に音楽で遊
べる場所があることが本当に必要だと思うんです。音楽って本来
は純粋に楽しいものなんだけれども、情熱的に人生に対して取り
組んでいる我々は全てにおいて頑張ってしまうし、自らの活動は結
果も含めてコミットしていきたいと思うのも当然なので、時にはビジ
ネス面に目を向けていろいろ考えることもある。でも、世の中は得
てしてよりビジネス的でないもの、プリミティブな欲求を直接出した
もの、より遊べているものが数字につながったりもするものです。遊
びを突き詰めることで新しい発明につながることもある。だからとい
うわけではないのですが、経営者やプロデューサーとしての視点
も含めて、もっと遊べる場所を皆に作りたいなと思ったのも理由の
1つとしてはあります。

すでにアジアからの注目が

　たくさん話してしまいましたが、改めて結成の理由を一言で言う
なら、みんなで仕事の後に音楽を流しながら「乾杯!」する空間…
と言っても今REIKOもお酒を控えているので3人は飲まないんです
が、あの空間を形にしたい。もし今後アルバムを制作したとしても、
我々の場合は、写真のほうのアルバムのように「あのときみんな

で遊んで楽しかったね」と振り返れるようなものを作りたい。とにか
く遊ぶ。遊べば遊ぶほど音楽的にも豊かなものになるし、普段の
ソロアーティストの活動に対してもより真剣に向き合えるんじゃない
かな。

　これは反省込みなんですが、ずっと真面目だと真面目が薄まる
と思っているんです。人生の「緩」と「急」を意識的に作らない
と、真面目の効果が弱まるというか。ほら、いつもふざけている人
より、いつも真面目な人が急にふざけるほうが面白かったりするじ
ゃないですか。そうした遊び場を作ることは真摯に音楽に取り組ん
できた我々に対してのご褒美でもあるのかもしれません。

　個々の活動にもいいフィードバックがあると思います。真面目な
コアは肩の力を抜けるだろうし、ショウタのポテンシャルにもいい
影響を与えるだろうし、エディには音楽的な説得力が出る。
REIKOのアジアリーチにつながるかもしれない。自分にとっても
「遊びはPOSSEでできるから、ソロでは歌うべきことを歌おう」と
腹がくくれるんですよね。

「遊び」とはいえ、遊びながら世界にリーチすることも当然考えている。すで
に、新しいクルーの誕生に対して、海外からの反応もあるという。

　単純に、クルーって面白いと思うんです。ASAP Mob、Odd
Future、BROCKHAMPTON、YENTOWN、KANDYTO
WN、BAD HOP… いろんな面白いクルーがいるけれども、
BMSG POSSEには、彼らにないBMSG POSSEだけの面白さが
あると思うし、アジアのHIPHOP好きの人は「なんだこのクルー
は？」って頭がバグるんじゃないかな。アジアの堅いHIPHOPメ
ディアに注目してもらって「BMSG POSSEはHIPHOPか否か」

みたいな論争にたどり着く妄想もしています。

　すでに実際にまだ曲をリリースする前から、アジアのアーティストから「フィーチャリングのアーティストを探しているんだけど、POSSEで誰かいない?」とか打診が来ることもあります。これは自分がアジアの音楽を取り上げる番組をやったり、アジアのアーティストとコラボしたりして蒔いてきたものの回収のような気もして、地道にやってきて良かったなと思うところです。また、国内外のクルーと何か一緒にできたらいいなとも思いますし、POSSEの活動はみなさんの想像より面白い展開を見せられるかもしれません。

BE:FIRSTとATEEZの
コラボレーションが実現するまで

#BE:FIRST　#初海外ステージ　#日本発　#みんなで世界へ

「日本のシーンに世界から注目してもらえるような大きな
うねりを作るためには、複数の会社が手を携えて進める
必要性は強く感じている」

2024年6月下旬、BE:FIRSTと韓国の8人組ボーイズグループATEEZ（エイ
ティーズ）とのコラボレーションが突如発表された。ATEEZは、23年12月に
リリースした2ndフルアルバム『THE WORLD EP.FIN:WILL』が、米・Billboa
rdのメーンチャート「Billboard 200」にて1位、英・オフィシャルアルバムチ
ャートにて2位を獲得。さらに、今年4月には韓国のボーイズグループとして
初めて米国最大級の音楽フェスティバル「コーチェラ・フェスティバル」の
ステージに立つなど、韓国で最も勢いのあるボーイズグループの1組だ。

実は、23年12月にはSKY-HIがプロデュースするダンス＆ボーカルのイベント
「D.U.N.K.Showcase」の京セラドーム公演に出演するなど、表から見える縁
はあった。しかし、ステージ出演と作品でのコラボレーションでは、実現性
へのハードルの高さは全く違うものだろう。取材の段階では資料や音源はま
だ手に入っていなかったが、まずはコラボレーションの経緯などを聞いた。

　「D.U.N.K.」の前から、コラボレーションの話は双方から少し
出ていたんです。こちらからもATEEZさん側と一緒にやりたいとい

うお話を、世間話程度ですが方々にしていて。ただ、「いつかやろう」が形にならないケースは少なくないのですが、実際に「D.U.N.K.」で共演したことで話が具体的に進んでいった感じがあります。

　もともと、ATEEZさんのことは、パフォーマンスはもちろんですが、彼らのストーリー込みでとても魅力のあるグループだなと感じていました。（ATEEZが所属する）KQ Entertainment自体が韓国の4大事務所（HYBE、SM、YG、JYP）に比べると歴史が浅く、初めての練習生としてHONG JOONGが入り、そこからATEEZが生まれたのが18年。4大事務所所属のアーティストたちが影響力を持つなかで、最初は音楽番組にも出目がなかったという話も聞きますし、立ち上がったばかりのBMSGと重なる部分があるように感じています。

　ただ、その結果として、彼ら自身が特異な進化をしているように見えました。いわゆる「K-POPらしさ」の良い部分は保ちながら、より「自分たちらしさ」を強化する方向に進んでいるというか。強いコンセプトを打ち出して活動していくK-POPグループが多いなか、ATEEZさんもデビュー当初から“海賊”というコンセプトを掲げていますが、架空であるコンセプトに完全に自分たちを憑依させて圧倒的な表現を見せつつも、人間的な部分とかキャラクターの個の部分とかがパフォーマンスのなかでコンセプト以上の強みとして表れている。そうした部分がちょっと特異なレベルで、彼らを彼らたらしめているように見えたんです。言うなれば、「正解」をなぞらえるのではなく、K-POPにおける「新しい正解」を作っていく方々に見え、とても美しく感じました。

　彼らが見せるパフォーマンスにおけるフィジカルの強さは、BMSG

もすごく大事にしていることです。もちろん人気や数字は大事だけれども、まず何よりもパフォーマンス能力の高さとクリエーティビティーを重視しています。「フィジカルの強さ」が何を指すのか──ダンスを指すのか、歌を指すのか、歌いながら踊ることを指すのかなどはそれぞれにあるとは思いますが、その点でもATEEZさんには強いシンパシーを感じました。

　実は、『KINGDOM:LEGENDARY WAR』（21年に放送されたK-POPのボーイズグループ6組が王座を懸けて、パフォーマンスやクリエーティブでバトルを繰り広げる韓国の番組）の頃からATEEZさんに興味を持ち、パフォーマンス映像やステージをいろいろ見ていたのですが、このグループこそがこれから夢があるストーリーを描いていくと感じましたし、同時に彼らのような方々の成功は、BMSGがやりたいことを考えると我々にとっても夢があることだと感じたんです。だからこうして縁ができ、コラボレーションできることは本当にうれしいですね。

MANATOを連れてスタジオへ

コラボレーション楽曲『Hush-Hush』の制作は、普段、ATEEZの楽曲プロデューサーを務めるEDEN（イドゥン）を中心としたチーム（Eden-ary）が来日して行われた。

　韓国側からはEDENと彼のチームメンバーがHusky Studio（音楽プロデューサーのChaki Zuluのスタジオ）に来てくれました。またとない経験を積める機会なので、MANATO（BE:FIRST）も連れて行きました。

213

日本でメンバーがライティングに携わるときは、自分がいるとき
は特にですが、メンバーに優しい場なんですよ。それはいいことで
もあるのですが、成長のためにはもっとシビアな環境も経験してもら
う必要があるなと感じていました。今回はきっとシビアな環境だろ
うなと想像していたのですが、実際にすごくストリクトリー（厳しく）
でストイックな環境でしたね。

　何より驚いたのは制作スピードの速さです。「ちょっと1回録って
みようか」みたいなゆるいステップは皆無。全員がアイデアをどん
どん出していき、「GO」か「NO」かを瞬時に判断していく。作っ
た後にみんなで聴きながら、「フックはこっちの方向性でないほ
うがいいかも」みたいな話くらいはしますが、ディスカッション以外
の時間は基本的に「録る」時間。スポーツのような感覚を覚えま
した。アイデアが浮かんだ人は、すぐに自分からマイクに手を伸
ばしてやってみる。そこに気後れしている余裕は全くありません。彼
らのシビアで貪欲で誠実な制作姿勢に驚かされました。

　当然、MANATOも最初は面食らっていました。まず、百戦錬
磨のプロデューサー陣のなかでいきなりマイクを奪いにくいですし
ね。言うなれば、全員いきなり全裸になるみたいな感じですかね。
最初は服を脱ぐのにためらいはあるけれども、1回脱いじゃえばな
るようになれというか。EDENのチームのスケジュールもあるので
必ずこの時間で素晴らしいものを完成させなくてはいけない、とい
うことで自分自身も余裕はなかったのですが、MANATOにはせ
めて積極的にパスを回すようにしました（笑）。すごくいい経験にな
ったんじゃないかと思います。

　今回は制作現場にATEEZのメンバーはいませんでしたが、彼
らもライティングをするので、いつか一緒にやってみたいですね。

以前、HONGJOONGが自作の曲を聴かせてくれたんですよ。彼はものすごくタレンティッドだし、人間としてもアーティストとしてもすごく尊敬しているし、もっと彼のことを知りたいという興味もある。ここ数年で会った人のなかで1番好きになったとまで言えるというか、1番短いスパンで胸がときめいた人ですね（笑）。

ATEEZにインタビューした際は（日経エンタテインメント！24年4月号）、逆にHONGJOONGの口から何度も「SKY-HIさん」の名前が飛び出していた。ステージでの在り方や人間性をリスペクトしていること、一緒にコラボしたいと願っていることなども話しており、そのときも今回も、お互いがお互いについて話すときの目の輝きを見ていると、「ときめき合っている」とはこういうことかと感じた。

　うん。このままHONGJOONGとはときめき合っていきたいですね（笑）。5月の『THE DANCE DAY』の「THE DANCE DAYxD.U.N.K.最強ダンサーコラボメドレー」コーナーでは、海人くん（King & Princeの髙橋海人）と初めてお会いしたんですが、そのときのバイブスもすごく良かったんです。そういうときめきのある出会いが続くことは、すごくうれしいですよね。

貴重な打席でフルスイングしたい

話をATEEZに戻すと、すでに世界を舞台に活躍する彼らとのコラボレーションは単純に、まだBE:FIRSTを知らない人に知ってもらえる大きなチャンスだと捉えられるが。

　確かにそうした側面もあるかもしれませんが、1曲のコラボで即海外進出というのは、過剰な期待だと思いますし、そこに依存して

はいけません。

　でも1年は365日しかなく、打席に立てる回数も限られている。そ
れこそ日本では、韓国の「KCON」（韓国CJ ENMが世界各地で展
開する世界最大級の韓国カルチャーフェスティバル）に代表されるように、
自国のアーティストをまとめて海外に連れていって披露するようなフォ
ーマットもない。だから今回は本当に貴重な打席をもらった以上
はフルスイングしたいし。ATEEZさんとコラボしたいアーティスト
が世界中にたくさんいるなかで、フィーチャリングの相手としてふさ
わしいと思っていただけたことがまず光栄ですし、選んでいただい
たからには「やって良かった」と感じていただきたい。それはクリ
エーションだけではなく、いろいろな面でお返しできたらと思って
います。日本で2グループが集まってMV（ミュージックビデオ）を撮
影したんですが、その場の空気が本当に良かったんですよ。メン
バー同士も仲が良くなったのもうれしいし、今後もいい関係性が
構築できたらいいですね。

　BE:FIRSTにとってもBMSGにとっても、今回のコラボは1つの
大きな機会には違いなく、単発の話題で終わらない作業は必要だ
と思っています。まだまだやらなくてはいけないことは山積みです。

　海外進出に関しては、当然BMSG1社でできることには限りが
あり、日本のシーンに世界から注目してもらえるような大きなうねり
を作るためには、複数の会社が手を携えて進める必要性は強く感
じています。そう感じているのはBMSGだけではなく、「みんなで
世界に行こうよ」という話は無数に聞くことです。ただ、よっぽど
強力な舵取りがいないと実現は難しいし、芸能マネジメントの1社
が主催するわけにはいかないと現段階では思っています。

例えば韓国の「KCON」の主催は総合エンタテインメント企業のCJ ENMですが、そうした財閥系とも言えるパワーのある企業の存在がK-POPの世界進出に大きな役割を果たしてきた。同じような巨大エンタテインメント企業が日本にあればいいですが、ないものねだりをしてもしょうがないですしね。もしご協力くださる方がいらしたら連絡ください（笑）。そうした外的な環境づくりも含めて、今後の課題は多いなと感じています。

デビュー1年で「自己肯定感」と「自尊心」が育ったMAZZEL

#リーダーシップ　#成長　#プロデュース　#自己肯定感　#MAZZEL

「個々の自己肯定感や自尊心といったものがある程度備わらないと、近くにいる他者の肯定にもつながらない」

MAZZEL がデビューして1年。2024 年6、7月に全国ツアー『MAZZEL 1st One Man Tour 2024 "Join us in the PARADE"』で8都市9公演を巡り、さらに10月に追加公演でアリーナでの開催も発表された。「初ツアーを経て大きく伸びる」ことは新人グループの定石。とはいえ、ツアー最終地の東京公演で見た彼らには、スキルやパフォーマンスの成長以上に見えたものがあった。自分たちがやっていることへの自信やライブの場を楽しんでいる姿が印象深く、彼らの強みである「個性」の輪郭をより明確にしてきたように感じた。SKY-HI 自身は、現在の彼らをどう捉えているのか。

　「最初のツアーが終わるタイミングで今のような『（グループの）内側が仲がいい』という空気になるといいな」というのはすごくあったので、そうなれたことはうれしいですね。「同じ目標に向けて頑張ろう」という空気が全体にできてきました。

　それは彼ら自身が培ってきたことですが、そのために僕が1番にやるべきなのは、彼らの自信と安心を担保することでした。

自信のなさや不安を振り払うようにひたすら努力する、という方法もあるのですが、僕の経験上、努力で克服しようとしてもうまくいかないことのほうが多いような気がします。ただでさえ自分の内側と向き合うことが増え、精神的に不安定になりやすい。

　それは必要な工程なんですけど、彼らのようなグループの場合は、それを追求するよりも、個々の自己肯定感や自尊心といったものを強めたほうがいい。そういうものがある程度備わらないと、同じグループのメンバーなど、近くにいる他者の肯定にもつながらない。つまりはグループとしての空気が良くならないんです。だから、まずは他者肯定のために自己肯定できる空気を作ることが大事だと考えていました。今、そこにたどり着けたということだと思います。

爆発力が連鎖する関係性に

　デビューして半年くらいは、スタッフ側と彼らとの間でコミュニケーション面の課題はありました。MAZZELも「こうしないと怒られる」「こうしちゃいけない」という意識が強く、パフォーマンスが内に閉じた状態になることが多かったですね。時折、その殻を破る人がいても全員がそれに続かずに、「今日は彼が弾けてたね」で終わってしまう。でも、今は誰かが爆発力を見せればそれがみんなに連鎖するし、誰かが出たら誰かがフォローするみたいな動きが自然に生まれています。時に、こちらが想像もしていなかった形の発露もあるんですけど(笑)、むしろそれがすごくいいと思う。

　(ツアー初日の)福岡公演でのRYUKIのMCは、本当にみんなに見てほしかったなあ。今までで1番笑ったし、お客さんも笑いながら感動してくれたんじゃないかな。普通、皆さんへの感謝だっ

219

たり「みんな大好き」だったりを言うことが多いんですが…ああ、俺も詳しく思い出したい。だいたいのニュアンスですが、RYUKIも「本当にみんなのことも大好きやし、今のこの関係も大好きやけん」って始めたのですが、「もしみんなのことをなめてるやつがおったら、俺がやっつけてやるけん！」みたいな（笑）。

　以降もどんどんテンションが上がって、その勢いで一気にしゃべるので、メンバーたちが笑いながら止めていました（笑）。周りも「おいおい（笑）」と言いながらもRYUKIの個性を面白がって尊重している。ああいうシーンは初期には見られなかったので、自分も爆笑しながらすごくうれしかったですね。これはほんの1例ですが、最近は特にRYUKIやSEITOに発露を感じることが少なくないですね。

　個性のない人間はそもそもおらず、思うがままにやったら誰もが個性があふれる種を持っていると思いますが、そのなかでもMAZZELは全員のバックグラウンドが大きく違うので、全員がありのままの個性を発露させたらどうなるんだろうと夢が膨らむし、果てには自分ですら想像がつかないところもありますが（笑）、ライブを見ていてもその兆しを感じる瞬間が増えました。

　デビューして1年、いいこともあればそうでないこともあったし、これからもその両面の繰り返しがあると思いますが、そばにどちらも分かち合える仲間がいることが本当に大事なことなんです。もちろん僕もずっとそばにいるけれど。それでも、誰もがそういう関係の仲間を持てるわけではないので、MAZZELにとって今そうした関係の仲間を持てているのは大きな財産だと思うし、今後の安心材料の1つですね。

デビュー以降のなかでも、今回のツアー初日と最終日は、彼らにとって大きな転機の1つになったと思います。ここからぐっと伸びると思うので、楽しみにしていただきたいです。

全員の発露を刺激するリーダー

チームの関係性で言えば、デビューして半年以上たった今年3月1日に、YouTubeのドキュメンタリー映像を通してメンバーのTAKUTOのリーダー就任が発表された。映像のなかでSKY-HIは「お互いのことをおもんぱかって現場をよくする意見は出ても、1つ殻を破るアイデアが出づらい」状況にMAZZELが当たると分析し、「現場リーダーがいてパスのスピードが上がっていくと殻が1つ破れる」と語っていた。改めてリーダーを立てた意味を聞くとともに、それによる変化はどうだったのか。

　集団がある程度気を使い合うと「お見合い」が起こることがありますよね。でもMAZZELの場合は、全員が思い思いに発露したほうが絶対に面白い集団になる。かと言って、全員が思いっきり発露しても、たっくん（TAKUTO）が騒ぐシーンはあまり想像がつかないんですが（笑）、そのたっくんに寄り掛かれることでほかのみんなが「思う存分やっても大丈夫だ！」という気持ちになれることが必要だなと思っていて。

　会社が大きくなってアーティストも増えた今、BE:FIRSTの初期の頃とは違って、自分はどのアーティストに対しても全ての現場にいられることは少なくなってきています。ほら、歯の矯正中に何日もマウスピースを外しているとすぐ元に戻ってしまうじゃないですか。それと同じで、僕の意志を現場で継続してくれる人がいればいいなと思って。そういう意味ではたっくんはリテーナー（歯列矯正の際の

保定装置）なのかも。

　日によって気分にムラが出ることがない人だから、「この前、こう話したよね」と言うと、スッとそのモードを思い出してそこに入れる。それがMAZZELの現場に必要な役割だなと思ったんですよね。たっくん自身、お茶目な部分もたくさんあるけれど、実年齢（現在25歳）より成熟した部分もあり、強い意志もある。そうした部分を積極的に出せるケースがあると、たっくんにとってもいいなとも感じていました。

　『MISSION』のような（MAZZELのアティチュードを示す）曲前にたっくんがリーダーとしてMCをすると違った魅力が出そうだなと想像していたのですが、実際には1stツアーでは『MISSION』後のMCになったけれども、新しいたっくんが見られたのは良かったですし、地頭も感覚もいいので、来年にはみんながびっくりするようなたっくんが見られるんじゃないかなとは思います。

今後はさらに「特殊性」をアピール

ツアーの追加公演は、ぴあアリーナMMと大阪城ホールで各2公演の計4公演。確かに初ツアーのチケットは激しい争奪戦だったが、デビュー1年目でアリーナ4公演という規模感はかなり大きなものだ。一方で「まだ世間に見つかっていない」ことを感じることもある。

　チケットは、取れなかった方が多かったでしょうね。普通の1年目のグループの数字ではおよそあり得ないくらいでした。実際、今、BMSGのなかでも1番ファンクラブの会員数の伸び率が高いのはMAZZELなんです。やっぱり今の彼らは、1度何かで目

にすると応援したくなる魅力を持っているので、それが伸びにつな
がっているのかなとは思います。

　客席にいる人を人として認識できる規模感から段階を踏んでいく
のは、BE:FIRST の時と同じ考えですね。ただ今後、オーディシ
ョンプロジェクト「No No Girls」でデビューするガールズグルー
プの場合は変わってきますし、すでにステージ経験のある3番目
のグループの場合は、また違う角度から考えないといけないかな
と思っています。ただ最初のツアーって、どのくらい化粧をしてどの
くらい化粧をしないかというバランスが難しくて、シビアだなと思い
ながら進めた部分はありますね。

　「まだ見つかってない」と言う人がいることに関しては、実はあま
り気にしても仕方ないかなと思っているんです。そんなことを言った
ら、どのグループでもそうだし、BE:FIRST に関してもいまだに思う
し。アーティストをやっている以上、永遠の課題であり努力目標
です。音楽番組に出続けたところでその可能性にも限りはあるし、
とにかくひたすら与えられた打席に立ち続けるしかない。それよりも
まずは、今これだけ勢いと結果を出して、実際にどんどんファンを
増やしているという現状をありがたく喜ぶことが大切です。

　でも、MAZZEL に関してはその特殊性をもう1レベル上げてア
ピールしたいなとは思っていて、次のシングルでやりたいことはあ
りますね。

　彼らの場合、特殊性とか特異性みたいなものが見当たらなくな
ったときがピンチのような気がします。そんな日が来ることは想像が
つきませんが。

223

BE:FIRSTの2ndアルバムで
社会に見せたかったマインド

#リーダーシップ　#成長　#プロデュース　#BEFIRST

「僕が意識しなくてはいけないのは、彼らの成長の機会をつくる責務があるということ」

BE:FIRSTの2ndアルバム『2:BE』が、2024年8月28日にリリースされた。発売に先立って先行配信されたリード曲『Blissful』は、8月21日公開のBillboard JAPAN総合ソング・チャート JAPAN Hot 100の1位をはじめ、各種音楽チャート185冠を達成している。

1stアルバム『BE:1』からちょうど2年。この間に、BE:FIRSTは東阪での初のドーム公演で大成功を収め、今や押しも押されもせぬ日本を代表するボーイズグループの1組となった。同時に『Boom Boom Back』以降、『Mainstream』と『Masterplan』を経て彼らのアーティストとしての自我が急速に成長したことで、新章の幕開けとも言える2ndアルバムでどんな姿を見せてくれるのかに期待が集まっていた。SKY-HIはこのアルバムをどんなコンセプト、位置づけと考えているのか。

　デビュー当初から何枚かのアルバムに関しても考えていなかったわけではないのですが、1stアルバム『BE:1』は、この1枚に収めた楽曲でドーム公演をすることがマスタープランであるという思いを念頭に置き、具体的なゴールと音像に向けて（デビュー曲

の）『Gifted.』のリリース前から走り出していました。「何もないゼロからスタートして東京ドームに立つ」ことを、我々やファンのみなさんだけでなく、社会も巻き込んで物語として提示するアルバムにしなくてはと考えていました。そのことを軸に、今歌うべきこと、伝えるべきことを考えて焦点を狭めていく作業だったように思います。

　2nd以降もその延長線上ではあるのですが、そのときに歌うべきことや伝えるべきこと、やりたいことなど、今の彼らにふさわしいものを作るという意味では、彼らの変化と向き合いながら作らなくてはいけないので、フレキシブルな意識を持てるようにしながら制作していきました。

　そもそもソロアーティストと比べるとメンバーの数がその7倍いるので、少し角度を変えるだけでも単純に7倍は立たせられるものになるはずだし、社会が変わり続けていく限り、彼らが歌うべきこともあり続ける。特に平和な世の中と言い難い今は、歌うべきこと、歌えること、必要な音楽や、純粋にただやったら楽しそうな音楽もたくさんあると感じています。

　そんな中での2ndアルバム『2:BE』は、社会全体が誰かの足を引っ張ったり蹴落としたりする風潮が強いなかで、BE:FIRSTが自然に持っているような、お互いに「褒め合う」「たたえ合う」というマインドをしっかり社会に見せたいというのがテーマとして大きくありますね。よく芸能界では「グループは、仕事がしっかり進められれば、必ずしも仲が良い必要はない」といわれますが、僕自身はその言葉に対して強く違和感を持っていました。わざわざグループを作るわけですから、「このメンバー、このグループだから一緒にやりたい」という必然性があるべきだし、グループとしてもそうした空気感があるべきだと思うんですよね。

少し話は変わりますが、自分は「事あるごとに、いちいちお祝いすることが絶対大事」だと思っているんです。何かで1位を取ったり、目標を達成したりすれば、すぐお祝いする。だってそのほうがハッピーだし、自己肯定や他者肯定にもつながるから。BE:FIRSTがドーム公演をやってから、「いやいや、そんな大したことじゃないんで。俺たちまだこれからだし」でなく、「ここまで俺たちよく頑張ってきたね、やったね！」「俺たちすごいね」とお互いを褒めたたえる空間を大事にする。とにかくセルフラブの精神、自己肯定にさらに他者肯定を加えたこの世で最も尊い価値観を提示する。これが『Blissful』をリード曲にした『2:BE』の存在意義です。

楽曲制作にすべてのメンバーが参加

1曲目の『Slogan』からこれまでのBE:FIRSTの道のりと今の自分たちのあるべき姿を高らかに宣言して始まる今回のアルバムだが、初めて聴いたときに不意をつかれたのが13曲目の『BE:0 -interlude-』だった。予想していなかった展開、しかもエモーショナルな音に胸がぐっと熱くなった。

曲のメッセージを強調するためにアルバムにインタールードを挟むのはよくあることだと思うんですが、一般的にグループではそれが少なくて、それができないのであればもったいないなって昔から感じていたんですよね。もっと言えば、アルバムの曲順やその曲をその人が歌う意味が重要視されていない印象を受けないこともなく。『BE:0 -interlude-』の後の『Glorious』がそもそも、「THE FIRST」からここまで歩んできた7人が自分たちをたたえる曲でもあるので…本当は曲を聴くだけでそのことは伝わると思いつつ、もっと分かりやすく強調してもいい時間を僕たちは過ごしてきたな、ちゃんと表現したいな、と「THE FIRST」の頃の音声を使いました。

『Glorious』を作りながら、裏でインタールードを考えていたという感じです。

今回は、リード曲の『Blissful』にMANATOとLEO、3組のユニット曲ではそれぞれ参加メンバーが制作にも名を連ねている。制作にすべてのメンバーが関わった意図はどこにあるのか。

　人間の成長って何がきっかけやチャンスになるか分からないですよね。彼らのように音楽に携わる仕事をしているならば、当然、自分も音楽を作りたいとか作れるようになりたいと思って当然だと思います。こちらもプロとしてメンバーに忖度（そんたく）して何でもかんでも世に出すというわけにはいかないのですが、今回もクオリティーとしてレベルの高い楽曲ができたなと思っています。

　僕が意識しなくてはいけないのは、彼らの成長の機会をつくる責務があるということ。こうした経験を経て誰かのユニークなアーティスト性をさらに伸ばす機会を設けるかもしれませんし、そもそも刺激を受けるのはクリエーションだけではない。曲を作る工程に携わることで音楽をより好きになり、音楽が好きになったことで耳が育って歌がもっとうまくなるという可能性もある。工程を知ってもらうことで、楽曲に対してもより深く意見交換ができるようになるとも思います。

　これまでも「こういう曲やりたいよね」とBE:FIRSTと話をすると、単に「かっこいい」とかではなく、「この前は2000年あたりのこんなフレーバーをやったから、次は2010年くらいのこの感じで、こういうノリだといいんじゃないか」とか、曲を聴いてもらうだけでこちらの意図までを理解してくれる良さがありました。こういうプロセスを重ねることで、より体系的に深く音楽を理解してくれるようになるのではと期待しています。

そんな感じで、メンバーが制作に関わることには、良い面しかないんです。唯一大変な点は時間が掛かること。自分1人なら2〜3時間でたいていの制作は終わるけれども、少なくとも倍以上の時間が必要になるし、場合によっては持ち帰って作業し合うこともあるので大変といえば大変です。僕の2〜3時間はとても高いですから（笑）。ただ、彼らの未来を考えるとかけがえのない時間と経験ですからね。しかもこういった経験を経て今後、自分たちがやりたいこと、やるべきことが何かがより具体的になっていくと、どんな楽曲でどのクリエーターさんとどうやって仕事をすればいいかなどもおのずと見えてくるし、音楽家から音楽家へのコミュニケーションとして精度が上がれば、作品としての精度も上がってきますよね。

　「BMSGはグループの1メンバーのレベルから全員、クオリティーも音楽意識も担保されてるんだ」と、少なくとも音楽業界の皆に思ってもらわなくてはいけませんし、それは僕の使命です。彼らはただ好きなことを好きにやる。それが正解になるように僕が道を作ったり舗装したりする。その立場なので未来もそれなりに見えるわけですが、数年後の彼らって本当に夢があるなあと思います。楽しみです（笑）。

BE:FIRST初の海外公演で感じた
大きな手応えと収穫

#グローバル　#日本から世界へ　#ビジョンの共有　#BEFIRST

「ずっと言っていますが、僕はBMSGをアジアで1番有名な会社にしたいし、BMSGのアーティストたちをアジアで1番勢いのあるアーティストにしたい」

7月20日、21日、BE:FIRSTは、韓国の男性ダンス＆ボーカルグループATEEZがBMOスタジアムで開催した米LA公演で、スペシャルゲストとしてオープニングアクトを務めた。

このステージは、BE:FIRSTのキャリア初の海外ステージ。ライブに先立って、7月1日に両者はコラボ曲『Hush-Hush』をリリースしており、双方コラボ相手に対し親近感や理解を深めているなかでの"共演"。当日はBE:FIRSTがステージに姿を現すと、会場のATINY（ATEEZのファンネーム）は盛大な拍手と歓声とともに立ち上がった。そして音楽にノって大きく体を揺らし、一挙手一投足に拍手し、声を上げ、大きな盛り上がりを見せた。実は彼らがオープニングアクトを務めることに対しては日韓の一部からは反発もあったが、そんな空気を吹き飛ばすようなアメリカ現地の反応の良さは鳥肌が立つほどだった。

公演にはSKY-HIも同行し、PA（音響担当）席からBE:FIRSTを見守った。彼はこのステージに何を感じたのか。

昔から、アメリカはエンタテインメントに対して正直、誠実だと感じることがすごくあります。お国柄であって良し悪しという話ではないですが、日本では比較的「事前の情報で音楽を聴く」人が多かったりもするので、フェスに出演してもステージが始まる前に成否が決まってしまうようなところもあるんです。でも、音楽を好きなアメリカの人たちがBE:FIRSTのステージを見たときに、たとえ彼らのことをよく知らなくても、良いリアクションをくれることを想像するのは難しくありませんでした。いつも通りしっかりやれば大丈夫。とはいえ、国内とは環境が違うので、いつもお願いしているPAの中音を担当している方にはLAへ来てもらいましたし、いつもと違うことは考えておかなくてはいけない。今後どこでやるとしても同じでしょうが、「いつもと環境が違うからしっかりとパフォーマンスできなかった」というのは嫌ですから。

　でも、BE:FIRSTはデビュー前にZOZOマリンスタジアムの「SUPERSONIC 2021」に出演しましたが、その頃にはイヤモニも着けずにステージに立っていたんですよね。それから考えれば今回の環境の違いは大したことではないし、そもそも、どこでやっても高いパフォーマンスを出せるように今まで頑張ってきたので心配はなかったかな。LAでのステージに関しても、事前にメンバーを集めてじっくり話すというよりは、折に触れて声を掛けていたように思います。当日は楽屋で過ごす時間も長かったので。でも、その8倍くらいくだらない話をしていたような(笑)。

　LAでは一緒に『Hush-Hush』を制作したATEEZさん側の音楽プロデューサー・EDEN（イドゥン）にも会ったのですが、彼とは年齢も近いし、アーティスト活動経験があるという意味でもキャリアも似ているので、僕らの立場を深く理解してくれているのもありがたかったです。感性も近いのでセッションをしていても話をして

いても楽しくて、もはや親友だと思っています（笑）。

　しかし、本当に愛情と感謝とリスペクトにあふれた現場でしたね。EDENだけでなく（ATEEZが所属する）KQ Entertainmentのスタッフの方々やPAさん、カメラマンさんたちも「すごくいいね」「あの彼の名前はなんていうの？」「彼はこう映そうか」などと、みんなでディスカッションしながらサポートしてBE:FIRSTをステージに送り出してくれました。もちろん、観客のみなさんのリアクションもものすごくありがたかったですが、裏でもウェルカムな空気感にあふれていたことがすごくすてきだったことにも触れさせてください。

今後も続く「水をためる作業」

　公演は2日間でしたが、2日目はBE:FIRSTが登場する瞬間から歓声が大きく、1日目のステージをしっかりやったことで、現地で話題を作れていたことを強く実感しました。こうしたアウェーのステージに立つことは、試験管に水をためるような作業の1つだと思っているんです。つまり、ここがゴールではなく、ここで見た方がほかでもBE:FIRSTを見て、また別の場所でも見て認識してくれて…と繰り返していくしかない。今回はSNSに観客の方々が撮影した動画がたくさん上がり、現地にいなかった人にもステージを見ていただけたことも、少し水をためることにつながったかもしれない。そうした積み重ねを今後も続けていければと思っています。

　BE:FIRSTのメンバーも時差ボケが残るなかでよくやってくれましたし、本人たちもすごく達成感があったと思います。観客の方々が一挙手一投足に歓声を上げてくれていて…でも本来、エンタテインメントってそういうものじゃないですか。ライブでの「ノリ方」や

「楽しみ方」みたいなワードって必要？って、昔からすごく違和感を感じているんです。僕も人のライブで盛り上がっていると「めっちゃノってたね」と笑われるんですが（苦笑）、すごく好きなアーティストのライブを見に行って、そのパフォーマンスが良ければ、そりゃノっちゃうし踊っちゃって当然だよねって思う。BE:FIRSTや「THE FIRST」で集まってくれたメンバーは、特に音楽やライブ、エンタテインメントに関する感覚は自分と同じバイブスを持っているがゆえに集まってくれているはずなので、そういう意味でもアメリカの観客の前ではやりやすかったと推察できるし、すごく楽しかったと思ってくれている感じはありますね。早く全アーティストを連れて行けるようになりたい次第です（笑）。

初の海外ステージとして文句ない1歩を踏み出したBE:FIRSTだが、「試験管に水をためていく作業」は今後どのように進めていくのか。今回の経験を通して、SKY-HIもスタッフも「意識が変わった」ことがあったという。

　ずっと言っていますが、僕はBMSGをアジアで1番有名な会社にしたいし、BMSGのアーティストたちをアジアで1番勢いのあるアーティストにしたい。そのためには今後、シンプルに海外に出ていく回数を増やしていく必要があると思っています。1年は365日しかないので機会も限られますが、行けるようにスケジューリングしていかないといけませんね。

　ただ今回、LAでのステージを経てスタッフも意識が変わったことがあります。これまでは「ひょっとしたらいけるかも」と思っていたのが、「思っているより確実にいける」になった。他の同業者さんも同じだと思いますが、今までの仕事を今までと同様にすると考えると、日本国内のスケジュールだけでほぼ1年埋まってしまう。しかも、それがいわゆる「内需」でビジネスとして回る仕組みができて

いる以上、時間やお金が掛かってしまう海外に対しては、行きたい気持ちはあっても、動きづらさがあると思うんです。

「ビジョンの共有」が良い効果に

　でも、いざ実力のあるアーティストが現地で頑張れば、数字やリアクションで手応えは感じられる。そうだろうとは思っていたけれども本当にそうだったし、自分だけでなくアーティストもスタッフもみんなでその手応えを肌で感じられたのは大きい収穫です。きっと日本の BESTY（BE:FIRST のファンネーム）の方々も、今回の活動で動画を通してでもそこを感じてくれたと思います。そして、オーディションの頃から「世界」という言葉をこまめに出してきたのが良い方向に動いているなと。BESTY を含めてみんなで「世界」を夢に進んで来られました。

　僕自身、17 年にツアー「SKY-HI Round A Ground 2017」で海外を巡り、LA 公演でも「海外でもいける」手応えを感じたものの当時の所属事務所のサポートは当たり前に得られず頓挫しているんだけど、僕に限らずアメリカでライブを経験した人はおしなべて良い感触を得ると思うんですよ。もともと移民の多い国であることに加えて韓国を筆頭に最近の音楽シーンの動向を考えると「アジア人は難しい」みたいなことはあまりないし、アメリカの会社も「君いいね、アメリカでもビジネスしようよ」というノリの人が多い印象で。今まではやっぱり多かれ少なかれ国内ファンの中には日本を離れることに対してのアレルギーがあったように感じました。当時の自分レベルでもありましたし（笑）。そうした空気感が今のBMSG にあまりないのは本当に良い方向だなと思います。

自分の海外ツアー経験やこれまで培った知見があるから、海外のステージだからって特別に違いを気にして深刻に捉える必要はない。でも、カルチャーの違いは意識しないといけないというさじ加減も感覚としては分かるし、環境が違うぶん想定してないトラブルが起こることを頭に入れておく必要もあるけど、そうしたことも含めて平常心でやれば大丈夫っていう確証はありましたね。とにかく今後、海外へ出ていく回数は増やしたいし、それはフェスやイベントもあるだろうし、ワンマンももちろんやれなくてはいけないと思っていますし、当たり前ですがアメリカ以外の国も視野に入れています。特に急激に変化しているアジアは、僕がツアーで回ったり制作を繰り返した5年前とはもう状況が全然違うのでよく調べてみる必要はありますが、世界のどの国でもやれるように頑張りたいのは間違いないし、元よりそのつもりではあります。

夏フェス総括2024 カルチャー 創造のための必要要件

#カルチャー創造　#リスペクト　#BEFIRST　#BMSGPOSSE

「僕らはただ売れればいいのではなく、新しいカルチャーを作るために活動している。そのためには他のカルチャーからリスペクトされる存在にならなくちゃいけない」

今夏は毎週末、様々なロックフェスでBMSGのアーティストたちが会場を沸かせた。特にBE:FIRSTは「SUMMER SONIC 2024」のマウンテンステージや「音楽と髭達2024」のヘッドライナー、「ROCK IN JAPAN FESTIVAL 2024 in HITACHINAKA」のGRASSステージのトップバッターなどを務め、観客をうならせた。思い返すと、初のロックフェス出演は22年5月の「VIVA LA ROCK」。ボーイズグループにとってアウェーであるロックフェスのステージに立つに当たり、SKY-HIは彼らに、オープニングでダンス抜きのパワフルな新曲を披露すること、観客の心をつかむMCをすることなどの課題を与えた。あれから2年、今やフェスアーティストとしての確固たる立場を築いたと言えるだろう。

　当時から、3年目の今年はBE:FIRSTがドームアーティストになる予定でした。当然、フェスのトリを務められるアーティストになってほしいという思いはありましたね。実際にドームアーティストになって夏を迎えたわけですが、今年のフェスでは初めてバンドセットでステージに立ちました。バンドを引き連れるに値する音楽力、音楽的感覚も身につき、自信と共に彼ら自身にそれにふさわしい風

格が出てきた。これまで以上に良いパフォーマンスをしてくれるのではないかと期待していましたが、思っていた以上のかっこよさを見せてくれてありがたかったです。

単にバンドセットでやればいいというものでもないと思っているんですよ。楽曲を生演奏バージョンにしてパフォーマンスするだけでは、本質的な意味においてバンドでライブをやっていることにはならない。楽器は持たないとしても、彼ら自身も一緒のバンドとしてやれないと、「演奏してもらっている」感じになってしまったらかっこよくないじゃないですか。

ただ、そのためにフェスに向けて何かをしたわけでもないですね。強いて言えば「やるべきことを普段からちゃんとやる」ということだけでした。ここに至るまで、（バンドが入る）僕の現場も見ていたし、楽曲制作やリハーサル、バンドに指示を出す場所に彼らもいたので、バンドとのコミュニケーションが彼らにとって特別なことじゃない環境になってきた。元々音楽が大好きなみんななので、自然にバンドとのパフォーマンスに慣れていったと思います。

ダンス＆ボーカルグループがロックフェスのヘッドライナーを務めたことは1つのエポックだろう。初めてのロックフェス出演からSKY-HIとBE:FIRST、そしてファンも、アウェーで萎縮もせず、ロックファンに違和感を与えない振る舞いをしながら1つひとつ積み上げてきた結果がここにあるようにも感じる。

ボーイバンドがロックフェスに出演するためには、本来、亜流や異端であるということを自覚したうえでフェスに対して持っておくべき心持ち、知っておくべきナレッジ、携えるべきリスペクト、それからカルチャーへの愛は欠かせないと思っています。これは全てつながっていて、単に「ロックフェスが好き」「出られてうれしい」で

はなく、そこに対して知識がないと本質的にリスペクトもできないし、愛も生まれないわけです。そうしたマインドを持ったうえでしっかりといいパフォーマンスができ、アティチュードを見せられれば絶対かっこいいものになる。BE:FIRST は期待に応える能力はあるわけだから、さらにふさわしい心持ちでバンドが付けば、見ている人たちも「何だ、自分たちが好きなアーティストと一緒じゃないか」とようやく思ってもらえる。そんな「夏フェス3年計画」ですね。最近の記事（※）で、BE:FIRST に対して10代・20代の男性からの興味が非常に高いとあり、地道に続けてきたことがつながってきたように感じました。

※『日経エンタテインメント！』が24年7月号で発表した「タレントパワーランキング2024」で、BE:FIRST はボーイズグループ編の急上昇3位にランクイン。彼らを注目する層として40代女性に次いで、20代男性と10代男性が続いた。40代と60代以外では男性からの注目度のほうが高く、一般的なボーイズグループとは異なる分布がうかがえた。

　3年掛けてヘッドライナーを務められるようになったことも、ロックバンドの対バン相手に選ばれるようになったことも、そこに必要なものは自分の経験としても知っていることだし、大切にしていることでした。僕らはただ売れればいいのではなく、新しいカルチャーを作るために活動している。そのためには他のカルチャーからリスペクトされる存在にならなくちゃいけない。僕らには、ここにたどり着くまでのストーリーやドラマ、アティチュードもある。その結果が今ここにある気がしています。

　分かりやすく言うならば、例えばイタリア料理フェスがあって、サイゼリヤがメインになる、語られる日があっても許されることってあるように思うんです（笑）。でも、いくらおいしくても大戸屋がメインだとイタリア料理フェス的には NG ですよね。ずっと本格的なイ

タリア料理を作ってきた店とは異なるけれども、サイゼリヤにはサイゼリヤとしてのイタリア料理への愛も哲学もあるし、自分たちのカルチャーがある。だから、プライドを持ってメインを務めると思うんですよ、サイゼリヤは。

今年のロックフェスは、特に日本のボーイズグループの出演が目立ったが、その背景には、昨今のシーンの盛り上がりだけでなく、BE:FIRSTがロックフェスへの出演を果敢に進め、結果を残してきたことも背景にあるように思われる。

　そもそもロックフェスへの初の出演者ではないので、自分の立場からは積極的には言いづらいですが、これに限らずここまでBE:FIRSTが作ってきた道っていうのは少なからずあるとは思いますし、他のボーイバンドの人たちの追い風になっている可能性、客観的事実はあると言っていいと思います。それってものすごくいいことだし、どんどんいろんなボーイバンドにとって良いことが広がってほしい。逆に言えば、他のボーイバンドが初めて道を切り開くことで僕らが恩恵を受けることもあると思うし、あったと思うんですよね。カルチャーはみんなで作っていくものだから、こうした流れはとてもポジティブに捉えています。

世界一自由な集団になりたい

この夏、SKY-HI自身は、BMSGのソロアーティストのクルー「BMSG POSSE」の一員としてフェスのステージに立つことが多かった。それぞれの個性を爆発させた5人が、圧倒的なスキルと遊び心で初見の観客の心をも有無を言わせずつかんでいたのが強く印象に残った。

圧倒的にPOSSEは面白いですね。真剣に熱いライブをするアーティストが多いなか、社長もいるのに1番ふざけた人たちになっていたから、それに関しては本当に申し訳ないなとも思っていますね（笑）。クルーものって確かに俺ずっとやりたかったんだよなと改めて思ったりして。そのときに思い描いていた形とPOSSEは全然違うし、POSSEは自分のため以上にBMSG全体のため、他のソロアーティストのためのものとも思っているはずなんだけど、僕もいい意味で自由にやらせてもらって、やればやるほど楽しくなっています。

　世界で1番自由な集団になりたい。POSSEを始めた頃は、やっぱりみんな普段自分のライブでやっているクセが抜けなくてもっと真面目だったように思います。でも、POSSEは肩に力を入れてやるようなものじゃない。回を重ねていくうちに全員コツをつかみ始めて、ふざけ方が分かってきた（笑）。要は真面目にふざけなきゃいけないんだけれども、真剣にふざけるって難しいんです。俺たち、もう汗だくでふざけてるんです。お客さんにはもちろんだけど、スキルが高い他のPOSSEの面々にもかっこ悪いところは見せられない。だから、実は全員にとって結構プレッシャーのかかる現場ではあるんですよ。でも、それだから楽しい。毎回ステージ前に「今日は誰が1番ふざけられるかな」と言って出ていくんです。たまたま自分はそういうのが得意なので、みんなにふざけ方を教えている側面もあるかもしれない。Core（Novel Core、以下コア）はやっぱり上手ですよね、意識してふざけられる。自分とも似ているようだけど、自分のほうがノリが男子校のルーツを感じてしまいます（笑）。

　全員プライベートでも仲がいいので集まると面白いですよ。ふざけっぱなしですが（笑）。edhiii（edhiii boi、以下エディ）が内緒話をコアにしていると思ったら、コアが俺の前で「エディ、この前のさ

一」と大声でその内容を話そうとして、エディが「コアくん、本当に悪いって!! 社長がいる前でする話じゃない!」って慌てていて（笑）。「最低だよ！この先輩!!」とかずっと言っていましたね（笑）。その後エディも負けじと、先に帰る際に「じゃあタロウ（コアの本名）、頑張れよ。タロウもまあまあよくやってるから、俺は先に行くけどサボんなよ」って堂々たるタメ口で（笑）。POSSEが集まるとずっとこんな感じです。たぶんShota（Aile The Shota）も、BE:FIRSTやMAZZELと一緒にいるときとは違う乗っかり方をしてくるような…気がします。

　POSSEは今後、ワンマンライブとアルバムのリリースを予定しています。まずワンマンは豊洲PITで自分の誕生日の前日の12月11日。楽しいものにしたいなとは思ってるんですけど。アルバムでは、積極的にコラボをしていこうと考えています。POSSEのライブでもそれぞれのソロ曲をやっていますが、POSSEって2人以上集まったらPOSSEだし、何十人いてもPOSSEなんですよね。今回は国内外のアーティストに声を掛けています。

　まず10月に自分とコアと韓国のラッパーCHANGMO（チャンモ）の曲をリリースしますが、めちゃくちゃいいです。もうMV（ミュージックビデオ）も完成しているんですが、今年作ったMVで1番好きかも。これがちゃんと世間にリーチするとうれしいな。

　日本の人口比率を見ても、もう遠くない将来には国内市場だけを考えて活動できないのは明白だし、そうでなくても我々はグローバルに活躍したい意思はあるし、意識もある。昔は日本にいながらそれを実現するのは難しかったけれども、今はひょんなことをきっかけにして気づいたら海外に広がっていることがあるし、「海外で聴いてくれている」という状況になったときのレベルも想像以上に

なっていたりします。

　でも逆も然りで、韓国であれだけ人気のCHANGMOも今回の
MV撮影の現場で、「日本でライブをして、日本でMV撮影して、
夢のようだよ。お母さん、俺ここまで来たよ！」とか言ってくれてい
たりもする。そういう人がまだいると思うんです。いろいろなアーティ
ストや事務所を紹介してもらう機会が増えたけど、自分のキャリア
がプロデューサーや事務所の社長としても成長したことが、面白
がってくれたり興味を持ってくれたりするきっかけにもなりました。だ
ったら、自分に増えた武器を使って、よりいろいろな人のところに
出向き、話して、フィーリングが合えばどんどん一緒にやりたいで
すね。

　CHANGMOにしてもかつてコラボしたタイのStampやDa Boy
Wayにしてもやっぱりフィーリングが合ったと思うし、韓国の
Reddyは今でもやっぱり親友のうちの1人だし、Ja Mezzも仲良し
だし…他にもいっぱいいるけど、自分が昔からアジアのアーティス
トとコラボしていたのが今につながっているのもすてきなこと。これ
からも積極的に誘っていきたいし、誘われていきたいですね。

241

講演

2024年7月25日 ｜ 日経クロストレンドFORUM 2024より

続・音楽ビジネス革命
BMSGの日本再興プラン

2024年7月25日に登壇した「日経クロストレンドFORUM 2024」のテーマは「続・音楽ビジネス革命—BMSGの日本再興プラン」。20年に設立した自身の会社BMSGは2グループ、5ソロアーティストを擁する規模に大きく成長。「BE:FIRST」はデビュー2年4カ月でドーム公演も成功させた。指揮を執るSKY-HIが「準備は整った」と語るのはグローバル展開。今なぜ世界に向かうのか。BMSGの未来像を解き明かす。（聞き手は吾妻拓 日経クロストレンド編集委員）

——BMSGはこの1年でさらに会社そのものが大きくなり、所属アーティストの数も増えました。グループが2組、ソロアーティストが5人、トレーニーが3人…。

　こうやってアーティスト写真を並べると、ソロアーティストたちのバラバラさが最高ですね。1人として同じトーンがない。BMSG＝Be My Self Groupということで、アーティストなどが自分自身のままいられる環境を作ることをモットーにしていますが、写真だけでもBMSGらしさが伝わってきますね。

　ただ、そのなかにもなんとなくBMSG特有の空気感やカラーといったものが、この1年で生まれてきているのかなと自分でも思います。先日も自分のライブのバックヤードにアーティストたちが来てくれたんですが、彼らの仲の良さや楽しさといったものはこれからも大切にしていきたいなと思いました。

——4月には、新ビジョン「TYOISM（トウキョウイズム）」を発表し、東京を拠点に、世界の音楽市場へ打って出ることを宣言しました。そのプレゼンで印象的

だったのが「機が熟した」という発言でした。

　本当に「機が熟した」という言葉の通りであって、どちらかと言うと、各アーティストがそれぞれの地盤をしっかりと形成することができたという意味での「機が熟した」でした。あとは当然、国内外問わず様々な方々とお話しするなかで、BMSGという会社自体の存在感、プレゼンスを感じる機会が増え、具体的にビジネスを進められることが本当に増えました。例えば、沖縄で活動しているアーティストが、メディアの露出が増えたから東京にも家を借りた、というのと同じくらいのレベルで、東京を拠点に動いている我々が、制作物そのものやその広げ方において、海の向こうを意識することがより具体的になってきたというフェーズだなと思っています。

──設立当時からのキーワードの1つであった「世界」が、いよいよ視野に。

　はい。スタートから目標という意味ではずっとありましたが、具体性を帯びてきた。「目標」だったものが、ナチュラルに活動の延長に入ってくるようになったっていう状況かなと思います。今アジアで面白いと言われているアーティストからコラボのオファーが来たり、逆にこちらから話を持ち掛けたら協力してくださる方が出てくださったりという。東京から世界に発信していくんだという全ての意味で体制が整ってるっていう状況ですね。

　「東京から」というワードをしっかり付けておくことが、我々にとっては大切なことで。場所としても東京というよりは、概念としての東京。やはりね、もう何百年も島国として鎖国していた時代もありますし、独特なカルチャーが育まれてきています。そこには功罪がもちろんあると思いますし、特に日本の音楽業界はガラパゴスだと揶揄されるときもありますが、ガラパゴス諸島で育ったゾウガメとか面白いじゃないですか。そのように、独特の進化を果たせていることも間違いないですし。それをそのまま保つ。"日本古来"とまではいかないかもしれないですが、日本固有の概念をあえて東京という概念に落とし込んでみたいです。

――国内においては人気アーティストが勢ぞろいし、どんどん大きくなってきているBMSGが、なぜ海外を目指さなきゃいけないのかを改めて伺えますか。

　これもシンプルな話で、1つの理由としては、エンタテインメントって究極の「toC」じゃないですか。だから、やっぱりもっとリーチさせたい、もっと広げたいという気持ちは強いです。単純に夢の大きなところとして。もちろん都大会で優勝するのも素晴らしいけれども、せっかくなら全国大会で優勝したいよね、みたいなくらいの目標としてありますね。もう1つは、やっぱり危機感的なものです。全ての産業に言えることだと思いますが、もう人口分布を見ていても、日本はどんどん人口が先細っていくのは明らかです。豊かにあった内需が、現在はだいぶ外資に市場を奪われていっているというか。奪う／奪われるという言い方はちょっとエンタテインメントとの相性があまり良くないので難しいですが、あくまでも産業的に捉えたときには、日本の音楽産業はただでさえ先細っていく未来なのに、どんどんと外資に取られているっていう状況です。

　先ほど写真で出したトレーニーが17歳くらいなんですが、彼らがこれからアーティスト活動を始めていったとしても、20年後の2044年でも、まだ彼らは今の僕と同い年くらいなんです。20年後の彼らの状況を考えると、国内のみを視野に入れていると生活は苦しいと思いますね。他の仕事との兼業も考えなきゃいけないでしょうし、それこそ日本のエンタテインメント全体が、世界的にプレゼンスを発揮している韓国の下請け的なポジションになっていくほうが自然というか。今ここできちんと海の向こうに販路を作っていかないと、守るべきカルチャーも守れなくなっていきます。すでにその兆しは結構出ていたりするなあと見ています。

　ただ難しいのは、国を越えて良いものは良いということ。我々が海の向こうに広げようとしているのと同じように、海の向こうからも良いものが入ってくることもある。それはちょっと前提として言っておきたいですね。良いからこそ、たぶん止めようもないですし、それを止める必

要もなければ、止めるべきでもない。ただ我々はそれにかなうクオリティーのものは絶対に作れるので、それをしっかりと作っていって、出ていけるっていう状態をいっぱい作って、地球全体をホームにする必要はやっぱりあるんじゃないですかね。

　マネジメント事務所としての我々、さらに自分はプロデューサーとしても彼らの全ての楽曲を作っているわけですが、楽曲を作るだけではなく、どうやって届けていくかということまで考えるべきだし、一応考えてはいます。然るべきタイミングでツアーをやろうと。ただ、この「一応」と付けなくてはいけないのには、理由があります。例えば、アニメの主題歌であったりで単体のアーティストが海の向こうでファンを増やし、そこにライブをしに行くケースは今までもあったし、特に最近は増えていると思うんですが、ちゃんと組織として音楽そのものをしっかりと輸出していくっていう作業に関しては、日本はまだ成し得てないと思っています。その成功例を作らないといけない。これはものすごい難題だなとも思っています。

――これまでも海外で活躍したいと出ていったアーティストの方はたくさんいらっしゃったと思いますが、大きなビジネスになっているケースは極めて少ない。今、考えられるところで言えば、どんなことをクリアしていくとよいのでしょうか。

　大きく2つあると思っています。1つは、海外に向かう組織を大きくするという作業。もちろん、その一企業としてBMSGが大きくなることも当然必要ですが、いわゆる他の芸能事務所さんなどと手を組んで、海外にリーチさせることを目的に大きな組織にしていくこと。海外へのコンテンツ輸出に関しては、国としても応援する気持ちは持ってくれているじゃないですか。今までは実りを作れているわけではないかもしれないけれど、ずっとその意思を見せてくれてはいるので、そうしたことも含めて何か組織として大きくしていくっていう作業は必要だと思います。1個人はおろか、1法人でも限界はあるかなというふうに思いますし、もう少し日本全体規模での大きな組織としてみんなで行くという意識が必要だと思います。

もう1つは、「続ける」ということ。インターネットが発達した今、時差は生まれないですけど、やっぱり誤差は生まれるんですよね。マーケティングをして、シミュレーションして、いいものを作って、実践してみて、結果どうだったのかという作業を繰り返したときに、おそらく最初の3、4年は、日本の内需に固執していたほうがビジネスとしてうまくいく状態が続く可能性が低くないと思うんです。それでも、それを続けないことには10年後、20年後とかに泣きを見ることになる。

　それこそ今デビューしているアーティストであっても、10年後、20年後が40歳だとしたら、その先も長いわけじゃないですか。そうなったときに、例えば歌って踊るBE:FIRSTやMAZZELのようなアートフォームは、まず20代に1回ピークが来てしまうわけですし、30代になって続けていたとしても、20代でのパフォーマンスとは違ったものになりますよね。さらに40代となると、もう別物ですよ。

　それでもまだ、50代、60代、70代と人生は続くわけで、いかに今のうちにエンジンを吹かせるかっていうのはすごく大事だと思います。今、本当に全アーティストのエネルギーはすごいですが、エネルギーのあるうちに、自分を含めた大人がしっかりとそのエネルギーの向かう先を正しく定めて、明るく、仲良く、元気よく、それでいて貪欲に頑張っていかないといけない。

　でも、BMSGは新しい会社なので、たとえ初期段階で赤字になろうが、そもそも世界を目標としてスタートしているので許容できる。例えばですが、半年間海外での活動をした結果、前年より売り上げがこのくらい落ちましたとなったとしても、それは意味のある挑戦なので、それを加味して評価します。そのあたりは会社の歴史が長かったり大きかったりするとトライしづらいのは間違いないので、ベンチャーである我々の仕事だと思っています。

――世界の状況からすると、日本の音楽ビジネスにおいてストリーミングの利用者が少ないということがあり、そうしたことも1つ世界に出るときに伸ばしていかな

くてはいけない要素だと話されていたと思います。

　日本の音楽ビジネスにおいては、インターネットに対して過剰に危機感を持ち、嫌悪し続け、規制し… みたいな無駄な20年間っていうのがありました。当時はアーティストとしての僕からすると憤慨以外の何物でもなかった。実際にいまだに後れを取ってるのは間違いないですが、じゃあストリーミングの流入を増やしたら、そのまま海外に販路が開くかと言ったら、そんなシンプルなものでもない。でも、数字は目に見えるものなので、やっぱり日本国内のアーティストは「聴かれていない」印象を持たれてしまっているのは間違いないと思いますし、それが現段階ですごく足を引っ張ってるのは間違いないんです。でも、この話も本当に氷山の一角に過ぎず、まだまだ解決していかなければいけないことが山積みです。

　それに、広がれば何でもいいのかというとそんなこともないですし。例えば、極端な例ですけど、海外で面白がられるものを作ろうとして忍者のアニメの主題歌で、全員忍者の格好をして曲を歌ったら、アメリカの人たちに受けるかもしれません。でも次の作品でも、もうちょっと忍者を続けなきゃねってなることが幸せかっていう話で。リーチさせるために頑張らなくてはいけないといったときに忘れちゃいけないのは、届くこと自体も大事だけど、届け方っていうのもすごく大事だということ。こういうときにやっぱり必要なのは、「クオリティファースト」や「クリエイティブファースト」、「アーティストファースト」だったりなのかなと。アーティストが自分のありたい形、自分の本来の形をちゃんと作った状態でトライを増やしていく。この前段を無視してしまうと、何でもなくなってしまう。そこがあったうえで何ができるかっていうことではないでしょうか。

　ストリーミングは大事だし、使っていても便利だし楽しいし、でも自分のためでなくアーティストのため、海外展開の後押しになるためにファンの方々が使うのは、何か本末転倒な気がしてしまうというジレンマもありますね。「クオリティファースト」「クリエイティブファースト」「アー

ティストファースト」でやり続けて、自ずとその世界の空気、社会の空気を変えていくしかないんじゃないですかね。

——そうやって様々なハードルを越えながら海外へ挑戦していくんだと思うのですが、今回のテーマである「エンタテインメントで日本を再興する」ことについて、BMSGはどのように考えているのでしょうか。

音楽は究極の「toC」であるからこそ、全ての産業に絡むことができる。今、アジアの国々に行くと、空港に着いた瞬間から韓国製品およびその広告塔としてのK-POPアイドルの看板が目に入るじゃないですか。音楽以外の産業の方とかでも外需ってすごく大切だと思うんですけど、それはエンタテインメントの盛り上がりと比例してどんどん広がっていく。サムソンとかLGが一大企業になったのと同じように、共に（大きな企業に）なれるというか紐づいてるものだと思いますし。

エンタテインメント産業が盛り上がっていると国自体が全体的に元気になるので、絶対に景気は良くなると思います。究極の「toC」であるがゆえに、景気が悪くなってくる、つまり可処分所得が減ってくると、エンタテインメントに跳ね返ってくるので、苦しい状況がここ数年ずっと続いているんです。

エンタテインメントが盛り上がれば、紐づいて 他の産業も盛り上がりますし、やっぱり気運は上がっていくと思いますし。産業の輸出とエンタテインメントは切っても切れない関係であると思います。

——そういう 文脈の中で言えば、BE:FIRST の『Masterplan』の CD では新しい試みもBMSGとして始めたと。エンタテインメントを持続的に広げていくための新しい試み。これはどういうことだったんでしょうか？

これも繰り返しになりますが、まず前提として、エンタテインメントっていうのは楽しませるため、要は人を元気にするために存在すると思うんですよね。『Masterplan』のシングルは、まずCDを紙ジャケットにす

講演：日経クロストレンドFORUM 2024

ることなどを含めてプラスチックを大幅に削減すること、さらにトレーディングカードなどのランダム特典を廃止して、CD1枚を買ったら全員分のトレーディングカードが付くようにしました。あと、店舗別の特典が結構な数あったのですが、それを廃止したんです。

　本質的なビジネスに1回立ち戻ろうというのが、この『Masterplan』というシングルのコンセプトとしてありました。1人のお客さんに無理して大量に買わせて、聴かれないCDが捨てられてしまうという不健康な状態は絶対長続きしないし、（業界そのものが）沈没すると思っていたので。それを誰がやるかという話だったんですが、実際にこれは起業時に絶対にやろうと思っていたことのうちの1つでした。そして、特典で今まで付けていたグッズを単体で販売するようにしたところ、CD自体の売り上げが前作比で約7万枚低下し、プラスチックの削減量としては10トン、ティラノサウルス1頭分減りました。電気に置き換えると、1200万回分の携帯フル充電に当たります。たぶん1人でやろうとしても無理ですよね。それがたった1作品で削減できた。なおかつグッズを販売したことで、売り上げとしては約2倍に伸びました。アーティストへの還元も増やせますし、取り組みとしては成功だったと思います。

　ただ、1アーティストがリリースの際にやるだけでは、いくらティラノサウルス1頭分が削減できたと言っても、焼け石に水だと思いますし。これが本当にあるべきは、世の中の空気を変えていくこと。変えていくことで、制作の流れの主流自体がこちらに寄ってきてくれると、環境問題的にも非常にポジティブな影響が生まれますし、ビジネスとしても、ファンの方のお金の使い方であったり、アーティストへの還元であったり、そうしたところはもう劇的に改善されると思います。

　例えば、CD購入者に向けた特典会を開いた場合、アイドルたちはその1日中稼働するわけですよね。その時間はレッスンもできない、歌も歌えない、でもしゃべりっぱなしで喉は乾くし、それを1日中やり続け、なおかつ本人たちへの還元率も低いわけです。儲かるのは著作権者のみという状態になってしまう。今回の取り組みを著作権者でもあり、

事務所社長である自分がやっていることに、切実さを感じてほしいところではありますね。でも、長く続けることによって、確実に空気が変わってくるんじゃないかなと信じています。

　幸せな人を本当に増やさないと。なんでもかんでもお金になる、ビジネスになると言って輸出すればいいものではないので。アイドルやアーティスト及びそれを応援している人が幸せになる最大の形を追求し続けることを絶対にやめてはならないとは本当に思います。今まで続けてきたビジネスをいきなりゼロヒャクにするって不可能な話じゃないですか。本当に徐々にでいいと思うんですが、白か黒かではなく、限りなく白に近いグレーをみんなで目指していくっていうのは、今、絶対に必要だと思います。世の中は、善と悪があったら絶対に善の方向に吸い寄せられていくと信じているので、頑張りたいですね。

――なるほど。そんななか、BMSG は今後どうしますか?

　この前、全体で「BMSG FES」の打ち合わせをしたのですが、各アーティストからやりたいことがどんどん出てくるんですよね。それを自分はとても素晴らしい環境だなと思っているので、これを持続したいし、アーティストの「これやりたい」がかなえられる環境を作り続けることが、結果としてアーティストのクリエーティビティーやパフォーマンスするときのモチベーションやバイブスとかに直接反映してくると思うので、1番はそこかな。

　結局、今日、細かいことだったりビジネス的側面としてのエンタテインメント産業の話をたくさん話しましたが、今後どうするか一言でと言われたら、アーティストそれぞれが、本当に好きなものだったり、こう在りたいという自分だったりを追求することをサポートし、それをやめないこと。これに尽きるかなという気がします。

　アイドルは、人として当たり前にあるものをたくさん我慢してやっていかなければならないっていう価値観のカウンターがおそらくBMSGであ

ると思うので、より自分らしく「Be MySelf」のままであることがいかに美しいかということは、万国共通で美しい、楽しいと思ってもらえるものになると思うので、頑張ります。

──最後に一言お願いします。

　我々はエンタテインメントを通して、アーティストやアイドルの幸せを大切にしたいといったものももちろんですけど、さらに応援してる全ての人の人生を豊かにするものを作り続けることを約束します。同業ではない異業種の様々な方には、成長のチャンス、成長のきっかけがエンタテインメントに転がっていることをもし認識していただけたらうれしいなと思いますし、全ての産業が大きくなるチャンスがエンタテインメントには確実に眠っているので、どうか一緒に手を取って頑張らせていただけたらと思っております。

あとがき

　奇特な人生が生んだ奇特な価値観をつづった奇特な本著を読んでくださった奇特な皆様、どうもありがとうございました。

　前作では会社のマネジメント、組織のマネジメントなどに焦点が当たった回がもう少し多かったかのように思いますが、今作はだいぶ音楽業界の話が多いですね。

　これには2つの要因があると思います。

　1つは、日本の音楽業界や芸能界が停滞していることに気がついた人が増えていること。「マネジメントのはなし。」で書かれていることの中で多少なりともある音楽業界の構造への指摘は、実は自分が20代の頃から折に触れてしてきましたが、話題にもなりませんでした（笑）。それがあるタイミングから注目を集め始め、今や炎上案件にまでなるようになりました。つまり、世の中の関心ごととして捉えていただけるところまできたということです。

　そしてもう1つは、実際に芸能界が変わり始めてきたからです。そしてBMSGがその1つのきっかけであったことは、おごらずとも自覚すべきことだと思っております。

　必ず音楽業界は変わります。これも起業前から言っていたのですが、「世の中が変わるか自分が死ぬか」です（笑）。

　では、なんでそこまでして自分がこの音楽業界を変えたいのか。世界にリーチしたからなんだっていうのか。

　答えは簡単です。そうならないと不幸になる日本のアーティストやアイドルがあまりにも多いからです。いや、場合によっては日本に限らないな。

　前書きに書いた通りの人生を送ってきた自分、さぞかし充実の…と思われる方もいらっしゃるかもしれませんが、その実泥水をすすり続けてきた20余年です。その間に消えていった同胞を数え切れないほど見てきました。「どこかで俺のことを見てくれていたらいいな」、とすら思えません。ひたすらに無念です。

　そして、いろんなジャンルのいろんなところに、「あの頃の俺予備軍」は

いるわけです。

　自分はね、これまでに味わってきた苦汁を忘れません。それがこの執念と異常なまでの仕事へのモチベーションになってもいますから感謝してすらいます。ビバ苦汁！にげー！うめー！

　このトラウマが解消される唯一の方法はね、「あの頃の俺予備軍」を1人でも救うことでしかないんです。所属アーティストはもちろんですが、BMSG以外の事務所に所属するアイドルもアーティストも、皆幸せになってほしい。そのためなら大げさじゃなく何度でも命賭けて勝負しちゃうよね。

　圧倒的に人の善性を信じ、この改革をやり遂げて見せる！と毎日燃えてますよ。バーンアウトしない様に気をつけます。

　…おっと、他人事だと思わないでください。あとがきまでたどり着いちゃった時点であなたもこの革命の一員なんですから。

　「自分だけよければ、は卑しい」「あかるくなかよくげんきよく、がいちばん」「頑張る姿は美しい」…こんな小学生の時に皆が習う様なことが、今一番この世界に欠けていて、必要とされているものです。

　最高の人生を一緒に生きましょうね。応援してます！俺たちのことも応援してね。応援しあおう。

　さて、最後になってしまいましたが横田さん、山本さん、吾妻さん、カメラマンの上野さんはじめこの連載を支えてくださった皆様、そして本著に関わってくださった全ての方々に心からの愛と感謝とリスペクトを示して、この本を終えられたらと思います。

　いつか、じゃないよ。この本を閉じた瞬間、小さな革命が音楽業界に起こっている。

　さぁ音楽を、この人生を、楽しみ尽くそう！

2024年12月　SKY-HI

253

SKY-HI

1986年12月12日生まれ、千葉県出身。2005年、AAAのメンバーとしてデビューし、同時期から「SKY-HI」としても活動をスタート。SKY-HIの名前の由来には「空のように高く無限の可能性を」というメッセージを含む。

　以降、ラッパー、トラックメイカー、プロデューサーとして幅広く活動。卓越したラップ＆ダンス＆ヴォーカルスキルと豊かな音楽性を備え、ジャンルの垣根を越えた他に類を見ないパフォーマンスを見せる。自らバンド音源や演出、照明に至るまでプロデュースするライブツアーは毎度完売が続出。発表する作品群も、リリシストとしての力量を遺憾なく発揮した詞、緻密に計算されたストーリーとメッセージが詰まった広い振れ幅などで評価される。

　2020年には、マネジメント／レーベル「BMSG」を立ち上げ代表取締役CEOに就任。第1号アーティストとしてNovel Coreと契約したのに続き、ボーイズグループBE:FIRSTやMAZZELをプロデュース。アーティスト・プロデューサー・経営者と多岐に渡り才能を発揮している。

写真　　　　　　上野裕二
ヘアメイク　　　椎津 恵

ブックデザイン　山﨑将弘
編集　　　　　　横田直子　山本伸夫

日本の音楽は
世界への壁を越えられるのか
マネジメントのはなし。2

2024年12月16日　第1版第1刷発行

著者　　　SKY-HI
発行者　　佐藤央明
発行　　　株式会社日経BP
発売　　　株式会社日経BPマーケティング
　　　　　〒105-8308　東京都港区虎ノ門4-3-12
印刷・製本　TOPPANクロレ

©SKY-HI 2024
Printed in Japan
ISBN 978-4-296-20661-2

本書の無断複写・複製（コピー等）は著作権法上の例外を除き、禁じられ
ています。購入者以外の第三者による電子データ化及び電子書籍化は、
私的使用を含め一切認められておりません。

本書籍に関するお問い合わせ、ご連絡は、下記にて承ります。
https://nkbp.jp/booksQA